화남의 시집 13

六月, 그것은 우리 운명의 시작이었다

6월 민주항쟁 20주년 기념 66인 시집

민주화운동기념사업회
www.kdemocracy.or.kr

유월, 그것은 우리 운명의 시작이었다

국립중앙도서관 출판시도서목록(CIP)

> 유월, 그것은 우리 운명의 시작이었다
> 지은이: 고은 외. p. ; cm(화남의 시집 ; 13)
>
> ISBN 978-89-90553-87-4 02810 : ₩ 8,000
>
> 811.6-KDC4
>
> 895.714-DDC21　　　　　　CIP2007001879

화남의 시집 ⑬

# 유월,
# 그것은 우리 운명의 시작이었다

초판 1쇄 인쇄 _ 2007년 6월 19일
초판 1쇄 발행 _ 2007년 6월 22일

지은이 | 고은 외
펴낸이 | 방남수
펴낸곳 | **화남**

등록번호 | 제2-1813호 (1994.9.26)
주소 | 우)121-838 서울시 마포구 서교동 366-30 목천빌딩 2층
전화 | 02-3142-4787 팩스 | 02-3142-4784
전자우편 | hwanambang@hanmail.net

편집고문 | 김영현
기획·편집위원 | 이승철 이재무 현준만 이상운 조성황
마케팅 | 정기복    편집 | 안인복, 정고은
디자인 | 디자인 에픽(02)6085-9323

**한국문학평화포럼** (110-320) 서울 종로구 낙원동 280-4 건국빌딩 5층
전화_ (02)730-6797, 6820  팩스(02) 730-6822
www.munhakforum.or.kr

ISBN 978-89-90553-80-5    03810
**값8,000원**

* 이 책은 한국문화예술위원회의 문예진흥기금을 지원 받았습니다..
* 지은이와 협의에 의해 인지를 생략합니다.
* 잘못된 책은 바꿔 드립니다.

화남의 시집 ⑬

# 유월, 그것은 우리 운명의 시작이었다

화남

■ 6월 민주항쟁 20주년 기념 66인 시집을 펴내면서

# 6월의 함성으로
# 피어라, 민주의 꽃이여

1987년 6월, 서울을 비롯한 전국 방방곡곡에서 민주의 함성이 뜨겁게 울려 퍼진 그날의 감동을 우린 아직도 생생히 기억하고 있습니다.

그때 최루탄 날리던 거리를 뛰어다니던 청년 문인들의 귀밑머리는 어느덧 하얗게 서리가 내렸고, 그때 태어난 아이들은 어느새 늠름한 청년이 되었습니다. 되돌아보면 우리는 참으로 먼 길을 걸어왔습니다. 많은 우여곡절도 겪었습니다. 그리고 그때 함께 어깨동무를 하고 명동성당 앞에서, 시청 거리에서, '독재 타도!'를 외치던 친구들 중에 더러는 유명을 달리하기도 했습니다.

1987년 1월 서울대생 박종철의 고문치사 사건으로 촉발된 6월 민주항쟁의 서막! 그러나 전두환 정권은 온 국민의 열화와 같은 민의를 외면하고, '4·13호헌조치'라는 극한의 카드를 꺼내들어 국민들을 겁박하였습니다. 그러나 절대 다수의 이 나라 국민들의 염원을 받들어 재야 민주인사들은 대동단결하였고, 이후 역사의 흐름을 외면치 않은 각계각층 지식인들의 호헌반

대 성명이 줄을 이었습니다. 특히 시대정신의 파수꾼으로서 한국의 시인·작가 200여 명은 4월 29일, 〈4·13호헌조치에 대한 문학인 194인의 견해〉라는 성명서를 전격적으로 발표하여, 4·13 호헌반대의 물꼬를 텄으며, 이로써 6월 민주시민항쟁의 도화선 역할을 했습니다.

〈자유실천문인협의회〉(현재, 민족문학작가회의 전신) 소속 다수의 시인, 작가들이 〈민주헌법쟁취국민운동본부〉에 주도적으로 참여함은 물론 서울의 신촌, 서소문, 시청 앞, 을지로, 미도파 앞, 서울역, 명동성당 등지의 이런저런 이름의 집회와 전국의 각종 집회에서 이 나라 국민들과 함께 수없이 쏟아지는 최루탄, 지랄탄과 백골단의 탄압 속에서도 호헌철폐, 민주헌법쟁취, 고문정권 퇴진이라는 슬로건을 외치며, 길거리로 떨쳐나선 일이 엊그제 일처럼 떠오릅니다.

이 시집은 그해 6월 9일 연세대생 이한열 열사의 최루탄 피격사건으로 최절정에 이른 6월항쟁의 대파도 속에 몸소 뛰어든 이 나라 시인들의 6월에 대한 피 끓는 증언이자, 그 뜨거웠던 날들 속에 써내려간 민주 대장정의 기록입니다.

돌이켜보면 지난 20년 동안, 우리 사회는 누가 뭐래도 민주화라는 거대하고 도도한 물결 속에서 변화하고 발전하였습니다. 대한민국 현대사에서의 민주화 과정은 세계 어느 나라에서도 찾아보기 힘든 민중의 자발적 참여와 지식인의 희생 위에서 탄생한, 찬란한 금자탑으로 기록되고 있습니다.

사실, 넥타이 부대로 표현되는 그 당시 자발적 시민 참여자들은 물론이고, 지난한 세월 노동현장에서 싸워왔던 현장 속의 민주투사들을 결코 잊어서는 안 됩니다. 또한 독재정권을 종식시킨 6월의 승리는, 누구누구만의 승리가 아니라, 우리 모두의 승리가 되어야 합니다.

한국문학평화포럼이 6월 민주항쟁 20주년을 맞아 『유월, 그것은 우리 운명의 시작이었다』라는 제목으로 특별 기획시집을 펴내게 된 것은 바로 그러한 이유 때문입니다.

한국의 현역 시인 66명이 참가한 『6월 민주항쟁 20주년 기념 시집』은 모두 3부로 나뉘어져 총 66편의 작품을 수록하였습니다. 20년 전 그날 6월항쟁의 거리에서 쓴 시편들과 그날 이후 그리고 20년을 맞이한 바로 오늘의 시점에서 새로이 쓴 작품들도 한데 어우러져 있습니다. 이 시집은 그러기에 파란과 신명의 6월의 파노라마를 담고 있으며, 역사와 시대 앞에서 순결하고자 했던 이 나라 시인들의 청정한 육성을 들을 수 있을 것입니다. 아무쪼록 우리는 이 시집을 통해 1987년 6월 그날의 뜨거웠던 감격과 환희를 온 국민과 함께 더불어 나누는 기회를 갖기를 소망합니다. 6월항쟁의 주역이신 독자 여러분의 큰 관심과 사랑을 기대합니다.

6월 민주항쟁 20주년 기념 시집 편집위원회
임헌영 김준태 김영현 홍일선 이승철

차 례

6월 민주항쟁 20주년 기념 66인 시집을 펴내면서  5

제1부
**그곳에서 우리는
민주주의의 바리케이트를 쳤다**

6·10대회  고은  15
물난리  정양  25
어디에 있는가  김사인  26
불  이재무  28
넥타이  권갑하  30
이브, 너는 어디에 있었느냐  김경미  31
거리에서  배창환  32
우린 끝없이 달렸지  정인화  35
명동성당 계단에서  박몽구  38
바리케이트 안에서  심산  40
퇴계로에서  박선욱  44
일기  이은봉  48
그해 유월  이승철  50
희미한 옛노래  김영현  56
비상사태  이영진  58
6월의 함성  임수생  60

광약장수 김씨　정일근　63
평화축복인사　곽재구　65
분단조국이여, 사천만 민족혼이여,　박남준　66
반역을 불사르는 자주 민주 통일의 함성이여!


제2부
**그대 하늘이 되었구나**

죽은 자는 말이 없고　민영　77
그대 하늘이 되었구나　강은교　80
그대의 하늘길　양성우　83
거룩한, 젊은 몸　김정환　84
아침 태양이 솟듯이　이기형　87
돌아오라 그대, 6월 꽃넋이여　김희수　92
어머님, 한열이 어머님!　이행자　95
유월의 전설　박희호　99
스파클 생수　박후기　101
그 자리　김규동　103
운구를 기다리며　정철훈　105

모란공원　김영환　107
나뭇잎 하나로 이 세상을　나희덕　109
다시 백양로를 마음에 새기다　이종주　111
나, 그간 채광석형 잊고 살았소　홍일선　113
마지막 욕쟁이 채광석　김진경　116
그를 찬讚함　임효림　119
부활절　강세환　120
사악한 권력은 사상누각이다　성희직　121
민중의 길　박용수　123


제3부
**나도 꽃병으로 날아가고 싶었지**

꽃병　김경윤　129
해는 무엇이 떠올려주나　김명수　130
버스는 죽었다　전기철　132
그날 비로소 바다가 되었다　용환신　133
친구여 대답을 준비하라　김용락　135
우리 처음처럼　김수열　138

6월에 모처럼 써보는 편지　임종철　141

달이 뜨면 그대가 그리웠다　김준태　152

적　유종순　154

솔잎흑파리　이원규　156

1987년 겨울의 부끄러움　박철　157

유월은　김광렬　160

분만장에서　서홍관　162

사람 사는 세상이 돌아왔다고?　정용국　164

어서 발등을 내리찍어라　김규성　165

명동성당에서　김주대　167

마개론　홍일표　168

지도에도 없는 포이동 266번지　조용숙　170

저항기　문창길　172

지금도 그 뜰에 가보고 싶다　송경동　174

석류꽃이 필 때　고영서　176

애국가를 불렀었죠　손태연　178

사회과학서점 문 밖　조성국　180

돌멩아 돌멩아　박두규　181

우리를 그냥 두지 마소서　김창규　183

춘궁　서애숙　185

다시 유월에 서서　류명선　187

제 1 부

**그곳에서 우리는
민주주의의 바리케이트를 쳤다**

# 6·10대회

고은


그날 우리는 부르짖었다
잠재력은 이윽고 제 무덤을 뚫었다
그것은 이미 잠재력이 아니었다 폭발이었다
서울 대구 부산 마산 광주 전주 대전 인천 등지에서
전국 22개 도시에서
우리는 부르짖었다
독재타도를 부르짖었다
최루탄가스 속에서

민주주의여 나의 자식이여
너 어서 오라고
어서 오라고
목 터지게 부르짖었다
이념은 슬픔보다도 빛났다

우리는 연금되고 강제 연행되었으나
우리는 갇혔으나
4백 중대의 경찰병력이 도시의 거리를 꽉 막았으나

박종철군 고문살인은폐조작을 규탄하기 위하여
독재타도를 실현하기 위하여
사슬 끊고
거리에서 부르짖었다.

그 죽음 번쩍 들어올려
거리로 나와 부르짖고 부르짖었다.
1987년 6월 10일 오후 6시
아니 4시부터 5시부터
신새벽 3시까지
목에서 피가 넘어 나왔다
더 이상 소리가 나오지 않았다
피가 나왔다
그러나
그 새벽 먼동에
목쉰 벙어리로 부르짖어 불도장을 찍었다
민주주의여
나의 아버지여

아 산 자 그렇게도 비겁했던 날들이여
모든 것은 죽어 있어야 했다
독재만이 날뛰고 있었다
그러나 모든 것이
그 죽음으로부터 살아났다
살아 일어섰다
박종철을 들어올려
저 까마아득히 솟아 있는
저 절정으로 들어올려
이제 우리의 삶은 싸움이었다

몇 10만의 사람들이
학생과 시민들이 일어섰다
나와버렸다
골목 골목에서 칼날처럼 뛰쳐나와
거리를 물처럼 메웠다
태평로를 메워
태평로가 무시무시하게 새로웠다

종로를 메워

종로가 새로웠다

새로움이야말로 혁명 아닌가

최루탄 다연발탄 펑펑 터질 때

또다시 흩어졌다가

뛰쳐나와

탱크와 총과 고문으로

학살로 모든 것이 만들어진 정권

그 정권에 맞서

뛰쳐나와

을지로 입구에서

미도파에서

명동으로

명동 천주교회 역내로 들어가

그곳에서 민주주의의 바리케이트를 쳤다

오랫동안 학생만이

그들의 몸뚱아리 내던져 외치던 것이

이제 그렇지 않다
일흔 살 할아버지도
쉰 살의 장사꾼도
서른 살 서른세 살 회사원도 함께 뭉쳤다
눈물조차도 저 멀리 지나쳐버린 맨 감격이여
아낙네까지 쏟아져 나왔다
자동차 경적이 울려 퍼졌다
교회에서 조종이 울려 퍼졌다
사람과 소리가
저쪽에서 이쪽으로 쏘아대는 최루탄 속에서
그것은 관념이 아니었다
바야흐로 드러나 실체였다 새로운 실체였다
이제까지 분단팟쇼에 철저히 길들어졌는데
그것이 아니라
그것이 아니라
그것은 우리 운명의 시작이었다
역사의 시작이었다
5천년 4천년의 역사를 가졌으나

이제 역사의 시작이었다

전국 도처에서 최루탄이 터졌다
이 땅의 꽃이여 풀이여
짐승들이여
너희들도 최루탄 가스 속에서
우리 민주주의를 부르짖었다
밀어붙이다가 밀려나고 흩어졌다가
골목으로 집으로 스며들어갔다가
다시 나와 물처럼 거리를 메웠다
다시 밀어붙여
전국 도처 동시다발이었다
독재타도
독재타도
드디어 경찰의 힘 바닥나버렸다
아 거리의 초계층적인 승리여
우리는 차지했다
거리를

광장을
팟쇼만이 질주하던 그 네거리를
우리는 부르짖었다
우리는 싸웠다
싸워 맨주먹을 이겼다
서울에서 부산에서 광주에서
그 5월의 광주에서

왜 우리는 머뭇거렸던가
왜 우리는 서성대다가 돌아갔던가
왜 우리는 기나긴 날들
그 분노를 무지라고 비웃고
과격이라고 팟쇼의 말대로 낙인찍었던가
우리는 그 모든 잘못을 날려버리고
최루탄 연기 자욱한 거리에서
전국의 도시에서
우리가 누구인가를 깨달았다
눈물 번지며

기침과 기침 사이
가슴이 쪼개어지는 아픔으로 깨달았다
그 독가스 속에서
우리는 우리 얼굴을 찾았다
입마개를 벗고
우리는 서로의 얼굴을 찾아
우리는 마주보며 기쁨을 먹었다
제국주의 순응을
팟쇼시대의 공포와 무능을 꿀꺽 삼켜버렸다
우리는 명동에서 밤을 새웠다

16세로부터 65세까지
번쩍 손들어 토론했다
묻고 대답했다
그 해방의 밤 지새우며
새 세상을 위하여
왜 우리는 떠맡겨버리고 말았던가
후회여

너조차 내던져버리고
이제 우리는 일어섰다
명동 농성 1주일은 6 · 10대회의 꽃이었다
그 꽃은 모든 곳으로 피어나갔다
처녀처럼
신록처럼
단풍처럼
바다 위의 낙조처럼 피어나갔다
아 민주주의의 꽃이여 어린이여

마침내 우리는 우리의 얼굴과 얼굴로 이어나갔다
죽음으로부터
한열아 한열아
너는 죽어가는데
한열아 제발 살아만 다오
우리는 우리의 얼굴을
네 죽어가는 하루하루를 살며 찾아
온 세상에 이어나갔다

종철아

한열아

도대체 민족이 무엇이관데

민주주의가 무엇이관데

우리는 이어 나갔다

악과의 싸움만이 진리이므로

사람의 날이므로

**고은**  1933년 군산 출생. 1958년 『현대문학』으로 등단한 이래 시집, 소설집, 산문집 등 저서 140여 권. 주요 작품집으로 『고은 시전집』 『고은전집』 주요 시집으로 『속삭임』 『부끄러움 가득』 등. 만해문학상, 대산문학상, 스웨덴 시카다상 등 수상. 현재, 한국문학평화포럼 명예회장, 민족문학작가회의 상임고문, 유네스코세계시아카데미 위원.

# 물난리

정양

보아라 저 넘치는 물결
휩쓸리는 만세소리 아우성소리 쇠사슬 소리
보아라 저기 저 소용돌이
너희 숨겨온 것 너희 믿어온 것
온갖 억지와 오리발과 추문과 개나발과
보아라 역사가 어디 하느님의 작품이냐
보아라 역사가 어디 살인마들의 작품이냐
보아라 저 천지분간을 못하는 물결
뒤집힐 것들이 다 뒤집혀
몸부림치며 바다로 떠내려간

**정양** 1942년 전북 김제 출생. 1968년 대한일보 신춘문예와 1978년 조선일보 신춘문예에 시와 평론이 각각 당선되어 등단. 주요 시집으로 『까마귀떼』『수수깡을 씹으며』『빈집의 꿈』『살아있는 것들의 무게』 등. 현재, 우석대학교 국문과 교수.

# 어디에 있는가

김사인


벗들
아직은 울 때가 아니다
최루탄 가스에 눈이 무르고
초췌한 식구들 얼굴 북받쳐 섧지만
슬픔도 기쁨도 아직은 때가 아니다
지친 몸 쓰린 상처들 다독이는 사이
등 뒤로 불어가는 저 음울한 바람
우리들 긴 그림자 위로 불길하게 겹쳐 오는
또 하나 저 낯선 그림자는 무엇인가
무엇인가 벗들
아직은 부르쥔 주먹을 풀 때가 아니다
온몸을 흔들어 거절하자
봄날의 노곤한 졸음 속으로
무더위 길고 긴 장마는 스며드는 것
더는 헛되이 기다리지 말자 벗들
어깨 겯는 우리의 무르팍 시큰거림 속에
내딛는 걸음 걸음의 안간힘 속에, 부르튼 발바닥 속에
새날은 애가 타 숨죽이고 있는데

보아라
불길은 어느덧 사위어 가고
깃발은 길가에 누워 있다

아직은 기를 내릴 때가 아닌데
아직은 얼싸안고 울 때가 아닌데
어디에 있는가 벗들
그 빛나던 눈빛

**김사인** 1956년 충북 보은 출생. 1982년 동인지 『시와 경제』로 등단. 주요 시집으로 『밤에 쓰는 편지』 『가만히 좋아하는』 등. 산문집으로 『따뜻한 밥 한그릇』. 신동엽창작기금, 현대문학상, 대산문학상 수상. 현재, 동덕여대 문예창작과 교수.

# 불

이재무

사람들 가슴을 뛰어나와
거리로 타오르는 불
동학과 삼일과 사일구
그리고 80년 오월
거듭 밟히며, 그럴수록 더욱 단단히
다져진 힘들
되살아나며 다시 모이며
무장의 둑 무너뜨리고
봇물로 터져 흐른다
한 종발의 불씨
수천 수만의 동이의 물길로 번져
흐르며 솟고
전국 고샅고샅 가쟁이 속으로 타는
아픔으로 기쁨으로 타는
산맥으로 솟고
강물로 넘쳐 흐르며
마침내 불바다를 이루는
살아 있는 사람들 모두 다

참나무 마른 장작으로 타며
싱싱한 물고기로 솟아오르며
불로써 새를 날리고
불로써 북을 울리고
불로써 꽃을 피우며
기어이 불로써 만수산 드렁칡이 얽힌 숲
온전히 만들기 위해
사람들 가슴을 뛰어나와
거리로 타오르는 불

이재무 1958년 충남 부여 출생. 1983년 『삶의 문학』으로 등단. 주요 시집으로 『섣달 그믐』 『몸에 피는 꽃』 『위대한 식사』 『푸른 고집』 등. 산문집으로 『생의 변방에서』 등. 현재, 계간 『시작』 편집주간.

## 넥타이 −6월항쟁

### 권갑하

좀체 발기하지 않는 구호여 두 주먹이여
노래 불러도 와 닿지 않는 민주주의여 통일이여
지독한, 최루탄에도 흐르지 않는 눈물이여

눈물이여 찢겨져 나간 깃폭이여 굴종이여
다 삭은 쇠파이프여 나뒹구는 화염병이여
옥죄어, 옥죄어 오는 내 의식의 바리게이트여

**권갑하** 1958년 문경 출생. 1992년 조선일보, 경향신문 신춘문예 시조 당선으로 등단. 중앙시조대상 신인상, 올해의 시조작품상 등 수상. 주요 시집으로 『세한의 저녁』 등. 계간 『나래시조』 회장 겸 주간, 농민신문 논설위원.

# 이브, 너는 어디에 있었느냐*

김경미

나는 그때 만삭이었다

남편이 어깨에 민들레 같은 최루탄 흉터를 만들어왔다

그곳에서 봄 다음의 여름 같은 아이가 나왔다

이름이 새벽이었다

그후 해마다 아내는 넝쿨장미꽃 피는 유월에
새벽이를 낳을 준비를 한다

---

* 하인리히 뵐의 소설 제목 「아담, 너는 어디에 있었느냐」에서.


김경미  1959년 서울 출생. 1983년 중앙일보 신춘문예 당선으로 등단. 주요 시집으로 『쓰다 만 편지인들 다시 못 쓰랴』 『이기적인 슬픔들을 위하여』 『쉬잇, 나의 세컨드는』 등. 노작문학상 수상.

# 거리에서

## 배창환

시위가 없는 날이다
며칠의 싸움 뒤에 외출하는 사람들의 얼굴이
힘줄 굵은 팔뚝 위에 검붉게 빛을 낸다
아직 최루탄 가스가 눈을 후비는데
지금 부는 바람은
화학전의 음모와
재집권의 상관관계와
뜨거운 싸움의 핏빛 함성을 드러내고 있다
시위가 없는 날은 불안하다
여기저기 가로수 곁에서 내 쪽으로
고개를 슬쩍슬쩍 돌리는 짧은 머리 사내들
그 길고 검은 그림자가 밟고 있는
흰옷의 아이들이 깨다 쫓겨간 보도블럭마다
어제 내린 비에도 지워지지 않는
누군가의 피,
다급하게 찍은 지문 몇 개
불타다 만 화염병 조각이 반짝,
저녁놀에 빛을 뿜는데

경적도 울리지 않고 차들이 지나가고 나면
누가 낚아챌 듯한 어둠이
지나는 사람들의 등뒤로 숨어든다
시위가 없는 날은 불안하다
찢어진 대자보의 자리에
조잡한 영화 프로가 다시 내걸리고
온갖 선전벽보가 악을 쓰면서
어떤 변화도 거부한다는 듯이
당당하게 자리를 찾아가는 지금
과연 거리는 다시 평온을 되찾은 것일까
문제는 더 이상 없는 것일까
화산 같고 노도 같던 그 힘들은
다 어디로 스며들고 말았을까
그날 늦은 밤 내게 머뭇머뭇 수줍게 다가와
아저씨, 저어…… 차비가 없어서 그러는데요
100원만…… 하던
운동화 끈을 바짝 졸라맨
야무진 입술에 두 눈을 빛내던

그 여학생은 지금 어디에 있을까
나는 왜 그를 내 제자로 생각했을까
눈을 크게 뜨고 보면 그러나
오늘처럼 시위가 없는 날에도
이제는 보인다, 달라진 눈빛 달라진 걸음걸이
은밀히 주고받는 웃음소리나 속삭이는 어투에도
분명히 있다
우리가 싸워서 얻어야 할 그 무엇
우리가 싸워서 지켜내야 할 그 무엇이
확실히 보인다, 조금씩 정말 조금씩
우리 안으로 들어와
살고 있는 것이

**배창환** 1954년 경북 성주 출생. 1981년 『세계의 문학』으로 등단. 〈분단시대〉 동인. 주요 시집으로 『잠든 그대』 『흔들림에 대한 작은 생각』 『겨울 가야산』 등. 현재, 경북 김천여고 교사.

# 우린 끝없이 달렸지

## 정인화

밀고 밀리며 눈물 아우성 범벅된
시위현장에서
산자여 따르라 노래 부르며
울산의 도심
주리원 백화점을 향해
우린 끈질기게 밀어부쳤지

무장한 전경들의
괴상스런 모습 앞에서
오십이 넘은 마킹조 최씨 아저씨와
고등학교 갓 졸업한 용접공 봉원이와
우리는 어깨를 걸고 한몸으로 뒤엉켜
울며불며 밀리지 않으려고
안간힘을 다했지

무장한 전경들은
사과탄, 최루탄을 미친 듯이 쏘았고
우리들은 자욱한 연기 속에

쫓기는 짐승이 되어 이리 뛰고 저리 뛰다가
컥컥 목이 메어 쓰러졌어
이 기막히고 서글픈 현실 앞에
눈망울엔 뜨거운 눈물이 흘러내렸지

전경들이 소름끼치는 발자국 소리를 내며
우루루 우릴 향해 달려오고
우린 피와 눈물로 범벅된 얼굴로
치고 받았지
지쳐, 지쳐 시장통을 달렸지
고깃전 아주머니가 퍼주는 물로
얼굴을 씻고
재집결지를 외치는 동지를 따라
숨가쁘게 달렸지

역전 삼거리 다시 모인 우리들은
어깨를 걸고 피멍든 얼굴로
또다시 도심을 향해 달렸지

피 흘리고 비틀거리는 민주주의를

저마다의 가슴에 안고

설움도, 피흘림도 삼켜버리고

우린 끝없이 달렸지

**정인화** 1951년 경북 경주 출생. 1988년 전태일문학상 당선으로 등단. 주요 시집으로 『우리들의 밥그릇』 『강이 되어 간다』 『나팔수에게』 『열망』 등.

## 명동성당 계단에서

박몽구

여기가 어디 사막의 한가운데냐 싶게
제법 나무들이 솔바람을 일으키는
서울 속의 섬 명동성당 계단에서
그리운 얼굴을 찾는다
벌써 여드레째 단식으로
교직원 노조의 꽃을 피우려고
온몸을 내던진 선생님들 찾아
벗들은 불 같은 시를 읽는데
밤이 되어도 가로등 하나 켜지지 않았다
무지개도 잠시 빗방울이 내 여자의 종아리처럼 흐드기는데도
누구 하나 자리를 뜰 생각을 하지 않는다
지도에서 고향의 이름을 찾듯 두리번거려도
귀밑머리 고운 사람은 보이지 않고
문득 흐드기는 빗방울 속에
단식과 뙤약볕 아래 외침으로 얼굴이 검게 그을린
초로의 선생님 옆얼굴을 본다
그 밀려오는 파도 같은 주름살 속에서

밥 한 그릇이며 목구멍이 포도청 같은 아이들이며
쏨쏨이가 언제나 부족한 아내의 휜 허리를 읽는다
그것들이 끈이 아니라
그를 이렇게 자유롭게 하고 있는 한
아니 우리 모두 가진 그 끈에도 묶이지 않고 가는 한
우리들은 끝내 승리하고 말리라 믿어졌다
휘황한 상가 쪽 불빛과 국적 모르는 음악은 쿵쾅거려도
가로등 하나 켜지지 않아
거센 바람 앞에 몇 번이고 꺼지는 촛불로 읽는 시가
결코 외롭지 않음을
맨주먹의 눈물로 닦으며 굳게 다졌다


**박몽구**  1956년 광주 출생. 1977년 월간 『대화』지로 등단. 주요 시집으로 『개리 카를 들으며』 『마음의 귀』 등 . 연구서로 『모더니즘과 비판의 시학』 등. 한국출판평론상 수상. 현재, 한양대 · 순천향대 · 충주대 강사. 계간 『시와문화』 주간.

# 바리케이트 안에서 −1987년 6월 10일 명동의 밤

심산

직격탄과 군화발과 곤봉에 무너져 가는
이 초라한 바리케이트의 밖은, 압제여
너희의 땅이다
너희의 역사다, 너희의 대통령후보가
너희의 호텔에서 너희끼리 파티를 즐기고 헌법을 즐기고
너희의 선진국가가 너희의 정의사회를 구현한다

각목과 보도블럭과 화염병으로 지키는
이 처연한 바리케이트의 안은 그러나
외세여, 우리의 땅이다
너희가 비웃으며 짓밟아버린
그래, 차마 눈 못 감는 우리의 역사다
육시당한, 효수당한, 암매장당한
그래서 피 토하며 울부짖는 우리의 역사다

춥지만 배고프지만 무섭지만
너희는 모를 것이다
미치도록 사랑을 해본 적이 없는 너희는

이 기쁨, 죽었던 옛님과 몸 섞는
이 환장할 것 같은 기쁨을 모를 것이다

님이여, 내 님이여, 가신 님이여
포위된 도청의 마지막 그 밤
새벽을 기다리다, 새벽을 만들다 쓰러져간
아아, 광주여, 내 님이여, 내 사랑이여
온몸뚱이 옥죄어오는 공포에 떨며
공포보다 선연한 분노에 치를 떨며
비로소 깨닫는다 님들의 절망과
절망보다 강인한 투혼, 그 투혼에 떠는
님들의 시신을 부둥켜안고 몸서리치며
지지리도 못생긴 우리 역사를 만난다
外國商館의 늙은 머슴이
南朝鮮政府의 龍床을 어루만지며
꿈꾸는 榮華를 위해서가 아니라
또다시 노예가 되려는
동포의 위태로운 자유를 위하여

떨치고 일어선 오늘, 6월 10일
41년 전의 6월 10일을
또 그 20년 전의 6월 10일을
그 자랑스럽고 떳떳한 우리 역사를 만난다
만나 다시는 헤어지지 말자 몸부림친다

별마저 진압되어버린 캄캄한 이 밤
잠든 도시의 한복판에서 횃불을 들고 내뱉는
쉰 목청 마지막 안간힘의 절규에
사람들이 깨어나 달려오기 전에
새벽이 오기 전에
또다시
너희가 이땅을 점령할 수도 있겠지만
똑똑히 보아두어라 외세여, 압제여
마치 갑오년의 기민행렬이 그랬듯이
너희의 땅에서 철거당한 사람들끼리 이렇게 밥을 나누며
마치 갑오년의 동학군들이 그랬듯이
핏발 선 두 눈을 홉뜨고 이렇게 돌을 던지며

우리는 우리의 땅에서 살 것이다, 이렇게!
우리는 우리의 역사를 만들 것이다, 이렇게!

**심산** 1961년 서울 출생. 1989년 시집 『식민지 밤노래』로 등단. 장편소설 『하이힐을 신은 남자』 『사흘낮 사흘밤』, 다큐멘터리 『세상을 바꾸고 싶은 사람들』, 시나리오 『비트』 『태양은 없다』, 산악산문집 『심산의 마운틴 오딧세이』 등. 현재, 심산스쿨 대표, 한국시나리오작가조합 공동대표.

## 퇴계로에서 −6·10대회에 부쳐

박선욱

파출소의 집기들이
거리로 끌려나와 불타고 있다
고가도로 위에 서 있는 전경들아
보이느냐
이 시뻘건 불길이 보이느냐
종철이를 비명 속에 잠재운
네 동료들이 쓰던 소파와 책상이다
네 상관들로부터
상계동 주민들을 사그리 밀어 버리라는
명령을 지켜
가는 곳마다 절규와 한숨
고통을 이엉처럼 엮게 하던
방석모다 철모다 곤봉이다
동근이를
그 어린 천사를 담벼락에 깔아뭉개던
방패다 군홧발이다 절대 복종이다
보아라
너희들의 충성이 재가 되는 모습을

호헌철폐! 독재타도!
시청에서 남대문시장에서
종로에서 광교에서 을지로에서
명동성당과 성공회에서 울려 퍼지는
우리들의 함성이 불타오르는 모습을
보아라
부산에서 인천에서 마산에서
대구에서 울산에서 청주에서
80년의 통곡을 등에 진 채
마침내 찬연한 희망으로 솟구쳐오르는
광주에서
전주에서
허리 잘린 반도의 끝 목포에서
철썩이며 밀려오는 왜파도 양바람
끝끝내 맞받아 되물리치는
아아 이 땅의 몸부림을 보아라
너희들의 상전
주구들이 벌이는 오전 한때의 축제가

배반과 위선, 기만과 착취의 놀음이라는 것을
아느냐
희고 보드라운 종이로 감싸 쥔 술잔에
우리들의 핏방울이 섞여 찰랑인다는 것을
아느냐
만면에 웃음 띤 허수아비
그가 바로
구천의 형제들에게 철천지원수였던 것을
살아 있는 우리들을 무섭게 옭아매는
오적 중의 하나라는 것을!
오라
너희들이 쏜 최루탄에 맞아
한열이가 서서히 죽어가고 있는데
무엇이 두려우랴
독재자의 마수가 뒷머리를 강타했을 때
이미 죽음의 문턱을 밟은 열사 앞에서
입술 깨물며 맹세한 우리들
오직 끓는 피, 피뿐이다

역사는
동지의 늘어진 어깨를 부드럽게 끌어안고
힘차게 앞으로 전진한다
보아라 앞잡이들아
불 속에서 녹아내리는
너희들 상전의 명령문서를
보아라 불쌍한 노예들아
장기집권 음모를 한줌 재처럼 태워 버릴 듯
어둠 속에서 반짝이는 동지들의 빛나는 눈동자를
똑똑히, 똑똑히 보아라

---

*이 시는 1987년 6월항쟁이 있던 어느 날 밤(6월 10일 혹은 11일쯤) 명동성당 계단에 운집한 수많은 사람들 앞에서 한 구절씩 낭독하여 집체낭송의 감격을 경험한 시이다.

**박선욱** 1959년 전남 나주 출생. 1982년 『실천문학』으로 등단. 주요 시집으로 『그때 이후』 『다시 불러보는 벗들』 『세상의 출구』 등, 평전으로 『채광석』 『윤이상』 등.

# 일기 —1987년 6월 22일

이은봉

눈물을 흘린다 시청 앞 남대문 시장 근처
철 이른 옥수수를 쪄 팔던 아줌마도
아줌마의 치마섶도 눈물을 흘린다
옷핀이며 머리핀을 늘어놓고
손님을 기다리던 난전꾼도 난전꾼의 리어카도
눈물을 흘린다 미도파 옆 지하도 입구
계단을 오르던 사내도 사내의 넥타이도
쭈그려 앉아 눈물을 흘린다 그러나
아무도 울지 않는다 뿌드득 이빨을 갈고
핑, 한번 코를 푼다 저벅저벅 전투경찰들이
곤봉을 휘두른다 가스총을 쏴댄다
물밀 듯이 사람들이 밀려 나가고 밀려
들어온다 신세계 뒤 분수대에 처박혀
나도 눈물 흘린다 무언가 깨부숴야 할
서러움과 두려움이 있기 때문이다
흩어져 뒹구는 보도블럭 사이로
헉헉, 숨을 토한다

구호를 외친다

찬찬히 날이 밝는다 최루탄 가스 속으로.

이은봉  1953년 충남 공주 출생. 1984년 창비 신작시집으로 등단. 주요 시집으로 『좋은 세상』 『무엇이 너를 키우니』 『내 몸에는 달이 살고 있다』 『길은 당나귀를 타고』 등. 한성기 문학상, 유심작품상, 한남문학상 등 수상. 현재, 광주대학교 문예창작과 교수, 『불교문예』 주간.

# 그해 유월

이승철

1

바야흐로 서른 살된 봄날이다, 벗들이여 어디에 있나.
손목마다 엉켜붙은 서슬 퍼런 생채기 어쩌지 못한 채
새벽안개 속으로 가더니 영영 되돌아올 줄 왜 모르나.
봄꽃은 어디서나 최루탄 연기 속에 속절없이 피었다 지고
악머구리 끓듯 찾아온 세월은 남김없이 네것 내것이어라.
그럴 수 없다고 발버둥친 나날, 등덜미 식은 땀방울이야
꺼무칙칙한 여문 5共 때문이라며 가랑이 밑 방울소리
울리도록 삶 살아왔건만 하루 세끼가 이다지도 곽팍한 건
어찌 우리 게을러서였던가, 좌우지간 두 주먹 꼬나쥐며
어떻게든 살아보자는 말, 그 하소연 난 아직 잊지 못한다.
가는 세월 붙잡을 수 없었고, 오는 세상 가당치 않을망정
그해 오월 하늘 치어다보며 옷깃 여미던 우리들이었다.

2

잡녀리새끼들아 잡녀리새끼들아 푸르렀던 5월 광장에

번뜩이는 칼날로 피바다를 거닐던 5共 천지 잡녀리들아.
어디로 갔나 그 사람들 철사줄에 꽁꽁 묶여 쓰레기차에
내팽개쳐져 어느 땅거죽에 지문도 없이 사라졌나.
아아 젊디나 젊은 이 나라 혼불들아 넋이야 지금도 살아
구만리 장천에 외로이 저 혼자 떠도느냐, 내 누이들과
내 어미와 더불어 생피꽃으로 화들짝 피어나 삼천리
골골마다 아직 너 숨쉬고 있어라, 황사바람 날아와
가녀린 네 몸뚱이 생각날 때마다 망월녘 새푸른 솔잎들
두 눈 치떠 반겨댔어라, 마침내 억장 가슴 뜀뛰듯 살아나
훨훨훨 꽃불 되어 우우우 하나된 함성으로 휘달려가는
저 유월 광장의 젊은 벗들 거리마다 가득 넘쳐 났어라.

3

그날 공덕동 굴다리 위 외진 철둑길에서 난 보았다.
모진 돌자갈숲 꿰뚫고자 몸부림치는 들꽃 송이송이들
살아 눈뜨고 있었다, 눈매 초롱초롱한 그 몸짓 보면

꽃가슴보다 더 싱그러운 상여꽃 울음소리 흩날려 쌓인다.
잊을 수 없다, 봄날 구릿빛 살결이야 네 눈망울인 줄 알겠다.
지울 수 없다, 입때껏 꺼이꺼이 호명하던 네 마지막 목청
그래, 좆찌리 강산에 필리리필리리 새봄 왔다고 어디 한번
하얗게 눙쳐 봐라, 아랫도리 살살 흔들어 악수 청하며
세종로 1번지에 퍼질러 앉아 헛웃음깨나 지어보라구.
몸뚱이쯤이야 최루탄, 지랄탄에 쫓겨 흩어질지라도
젊은 벗들은 오늘도 을지로와 시청 앞, 명동과 미도파 너머
서울역과 신촌로터리 그리고 백양로에서 용솟음쳤다.
당차디 당찬 세상 만들려 꽃불처럼 활활활활 불타올랐다.
저 네거리마다 오늘도 시퍼렇게 운집한 張三李四들아
유월 광장에 떼거리로 쏟아져 나온 넥타이부대들이여.

4

우린 두 번 다시 우린 흩어지지 않을 것이다, 한반도는 지금

벼포기 묶이듯 한몸 된 벗들이 저 거리를 점령하였다.
빛고을에서 발진된 꽃새벽이 몰아쳐와 온갖 쭉정이들이
꽁무니친다, 마침내 이 산하 삼천리가 곧추서리라.
서른살 된 봄날에 都心 한복판 포도 위 돌멩이마저
혼불이 일어 천지를 들쑤셔대며 송송송 춤을 춘다.
진달래 흐드러진 남녘 산하에 석유 먹은 꽃불들이 훨훨훨
나부끼며 나남없이 휘달려가고 있어라, 서로 얼싸안으며
관솔불인 듯 대북소리인 듯 징징징 울려 퍼지고 있어라.
5공 판갈이에 나선 맨몸뚱이 주먹총들이 우르르
발구르며 저 거리마다 두려움 없이 휘달리고 있어라.

5

남녘 산천 어디서나 불바람 생생 휘몰아쳐 달려오누나.
길거리에 나서면 뼈마디 좀이 쑤시듯 이다지도 욱씬거려
어허, 가만히 어깨 조아리며 웅크려 있질 못하겠다.

불바람 타서 우우우 휘파람 불며 휘달려온다, 때마침
수백수천, 수십, 수백만 발자국들이 서로 뒤질세라
앞서거니 뒷서거니 발버둥치며 갑돌이, 갑순이들과 함께
형님, 동생, 아저씨, 아줌마들이 나남없이 스크럼 짜며
모난 돌멩이를 한 움큼 움켜잡다가 앞가슴 디밀어
거리마다 넘쳐날 때 그날 이후 외마디 비명소리 끝에
저 벼랑 아래로 곤두박질치던, 아 그 최후의 발작들.

6

여보게 내 손을 놓지 말고, 저기 두 눈 치뜬 사람들 좀 봐.
피어린 항쟁의 거리마다 싱그러운 깃발들이 넘쳐 흘러서
東奔西走하는 유월의 꽃넋들 필사적으로 꿈틀거린다.
지랄발광하는 지랄탄이든 총유탄이든 물대포든 꿰뚫고서
두려움 없이 가고 또 가는, 저 불바람떼 좀 쳐다보라구.
칼칼한 유월의 외침 아래 뺑소니치며 사라지던 잡녀리들아
삼천리 뜰악마다 불바람 불어 살과 뼈들이 곤추선 거리마다

참꽃들 아우성치며 피어나는데, 여보게들 저것 좀 봐.
들불인 듯 관솔불인 듯 천지의 어둠 죄 살라먹는 함성들.

우라질것 우리도 한판 놀아보자구, 송두리째 갈아 엎자구
뒤엎어, 우리네 손으로 뭔가를 한번 만들어 보자구, 정말!

**이승철** 1958년 전남 함평 출생. 1983년 시 전문지 『민의』로 등단. 주요 시집으로 『세월아, 삶아』 『총알택시 안에서의 명상』 『당산철교 위에서』 등. 현재 한국문학평화포럼 사무국장, 시전문지 『시경』 편집위원, 도서출판 화남 편집위원.

# 희미한 옛노래

김영현

좋은 시절 돌아와 때 맞춰 꽃은 피고 지고
문민대통령도 나오고, 민주주의 만세에
잘하면 조국통일도 될 법한데

그 나빴던 시절 흉측했던 시절 부르던
옛노래랑 이젠 그만두라고 한다
따분한 운동갈랑 그만두라고 한다
그러나 내가 알고 있는 노래는 운동가뿐

비오는 날 창틀에 턱 기대어 가만히 불러보는
희미한 옛사랑의 노래
사노라면 언젠가는 좋은 날도 오겠지
흐린날도 날이 새면 해가 뜨지 않더냐

조용필보다도 주현미보다도
내겐 그 노래 더 많이 눈물 묻어 있어
수많은 친구들 얼굴 스쳐 지나가고
수많은 일들 물방울처럼 떠올라

아아, 눈물없이 부르진 못하겠네
차마 그리움 없이 부르진 못하겠네

새파랗게 젊다는 게 한 밑천인데
쩨쩨하게 굴지 말고 가슴을 쫙 펴라
이제 나이 들어 그 한 밑천조차도 없고
이루지 못한 꿈 서럽기만 한데

남은 가슴에는
그저 희미한 옛노래만 안개처럼 떠돌 뿐
좋은 시절 좋은 노래 나는 몰라.

**김영현**  1955년 경남 창녕 출생. 1984년 『창비신작소설집』과 1988년 시집 『겨울바다』로 등단. 주요 시집으로 『남해엽서』 『그후, 일테면 후일담』 등. 주요 소설집으로 『깊은 강은 멀리 흐른다』 장편으로 『낯선 사람들』 등. 한국일보 문학상, 무영문학상 수상. 현재, 한국문학평화포럼 부회장, 민족문학작가회의 21세기위원회 위원장.

# 비상사태

이영진

끝내 기다리던 너는 오지 않았다.
최루탄 그 쓰린 눈물 속에서
헬멧과 방독면의 무자비한 구타와 사지를 옭죄어 오는
체포조들 속에서
타오르는 장갑차의 불꽃 속에서
우리는 너를 기다렸다.
알몸과 깨어진 돌조각 그리고
빈 소주병에 휘발유를 담으며
너를, 철모와 M16으로 중무장한
너를 기다렸다.

너는 우리에게, 우리의 더운 육신 위에
엄습하는 죽음, 아니 죽음을 넘어서는 해방
뜨거운 해방의 통로여야 옳았다.
그러나 끝내 너는 오지 않고
가장 확실한 적의 모습으로 나타났어야 할 너는 오지 않고
우리는 해방이 보장되기 어려운
병든 자유를 얻었다.

등 뒤에 열린 총구를 둔 채
우리는 어이없는 자유가 되었다.

흰 분말로 눈 따가운 거리를
물로 씻어내는 푸른 군복들에게
깨어진 보도블럭 그 불덩이처럼 날아가던
사랑이여, 화염병이여
목메어 울 수조차 없던 명동이며 금남로 서면 거리의 아우성이여
이제 눈속임의 손, 그 어처구니없는
화해의 손을 내밀어야 하는가

와야 할 적은 오지 않고
죽음을 거쳐 얻어야 할 빛나는 해방의 날은 오지 않고
이제 우리는 스스로의 목덜미를 향하여
비상사태를 선포할 수밖에 없다.

이영진  1956년 전남 장성 출생. 1976년 『한국문학』 신인상 당선으로 등단. 〈5월시〉 동인. 주요 시집으로 『6·25와 참외씨』 『숲은 어린 짐승들을 기른다』 『아파트 사이로 수평선을 본다』 등.

# 6월의 함성

**임수생**

1987년 6월항쟁의 그날을
우리들은 잊을 수 없다.
4백만 시민들은 거리로 뛰쳐나와
민주화와
조국의 통일을 부르짖으며
시가지 중심을 따라 물결을 이루었다.
시위대열은 행진을 하며
군부독재 타도를 외쳤고
대로를 자욱히 뒤덮은 최루탄가스는
시위대의 앞길을 막지 못했다.
그만큼
시민들의 민주화 열망은
푸르른 하늘을 날며
열기로 가득한 계절을
더욱더 뜨겁고 뜨겁게 달구었다.
낮과 밤과
시간을 뛰어넘은 시위행진은
함성과 더불어 천지를 울리고 울렸다.

마침내 6월의 항쟁
우리들의 함성은
6·29를 쟁취했다.
조국의 민주화와
민족통일의 그날을
진달래꽃으로 피우기 위해
6·29를 쟁취했다.
우리들은 이제
시민투쟁의 기록적인 승리를
우리들의 가슴으로
우리들의 심장으로 껴안아야 한다.
역사의 참상을 되풀이하지 않기 위해
우리들의 역사에
진실을 기록해야 한다.
후세대를 위해
우리들의 투쟁사를 남겨야 한다.
오, 위대한 우리들의 투쟁
6월의 함성이여

6월 그날의

거대한 함성이여

**임수생** 1940년 부산 출생. 1959년~1961년 『자유문학』과 조선일보 신문문예 가작으로 등단. 주요 시집으로 『형벌』『깨꽃, 그 진한 빛깔의 철학』『진달래꽃 한아름 보듬고서』 등. 부산시문화상 수상. 현재, 〈시와자유〉 동인.

# 광약장수 김씨

정일근


그는 언제나 그곳에 있었다
광장으로 가는 큰길 한 귀퉁이
광약을 팔던 김씨
무심히 지나치는 시민들을 향하여
녹슨 쇠붙이며 숟가락을 닦으며
반짝반짝 되살아나던 광택의 기쁨을 보여주던
광약장수 김씨
이 세상 어떠한 녹이든 오랜 먼지든
그의 부드러운 손길 앞에서
초야의 새색시인 양 부끄러운 옷고름을 풀어
마침내 싱싱한 알몸을 드러내듯
그렇게 닦고 또 닦는다면
자신의 김씨도 언젠가는 금씨가 될 것이라며
그가 닦아놓은 놋쇠 밥그릇에 담긴 광택보다
더욱 수북한 광택으로 환하게 웃던 김씨
이제 그는 그곳에 없다
지난 유월 시민들은 광장으로 몰려가고
자욱한 최루탄 속으로 그도 함께 달려가고

그가 닦아야 하는 것이
어디 쇠붙이의 녹뿐이겠는가
우리가 닦아야 하는 것이
어디 녹슨 숟가락 밥그릇뿐이겠는가
이 땅의 더 크고 오랜 녹을 향하여
온몸으로 달려가 부서지며
우리나라 가장 빛나는 광택으로 되살아난
광약장수 김씨
이제 그는 그가 닦은 참빛 속에 살아 있다
영원히 살아 빛난다

**정일근** 1958년 경남 양산 출생. 1984년 『실천문학』과 1985년 한국일보 신춘문예로 등단. 주요 시집으로 『바다가 보이는 교실』 『마당으로 출근하는 시인』 『오른손잡이의 슬픔』 『누구도 마침표를 찍지 못한다』 등. 시와시학 젊은시인상, 소월시문학상, 영랑시문학상 수상.

# 평화축복인사

곽재구

최루탄 터지는 소리는 아카시아 꽃내음보다 더 아름답습니다 밀려오는 어둠 속에서 조그만 횃불 하나씩을 켜든 집들이 바람에 펄럭였습니다 거리와 광장과 지하철과 공사판에서 우리들은 당신을 위하여 기침을 하고 눈물을 흘리고 무릎이 깨졌습니다 그렇지만 당신을 위하여 싸우는 이 순간이 우리에게는 제일 행복한 시간입니다 밀려오는 사랑과 고통과 뜨거움의 파도 속에 그 옛날 카타콤 무덤 속에서처럼 고요하고 순결한 평화축복 인사를 서로 나눌 수 있기 때문입니다.

**곽재구** 1954년 광주 출생. 1981년 중앙일보 신춘문예로 등단. 주요 시집으로 『사평역에서』『전장포 아리랑』『참 맑은 물살』등. 산문집으로『곽재구의 포구기행』『내가 사랑한 사람 내가 사랑한 세상』등. 〈오월시〉 동인. 신동엽창작상, 동서문학상 수상. 현재, 순천대 문창과 교수.

분단조국이여, 사천만 민족혼이여,
반역을 불사르는 자주 민주 통일의 함성이여!

박남준

우리들 살아온 길이 물이라며 물이구나
그 물 흘러 흘러 강물 길 이뤄 흘러
그 강에 흐르던 많은 날들의 일들
수많은 왕들과 백성들이 살며
수많은 침략과 반란이 일어나며
강물의 역사가 흘러 이른 오늘
너
보았느냐
우리들의 식민조국
뙤놈의 발 아래 무릎꿇고
왜놈의 총칼에 빼앗기고
양놈의 흉계에 찢어지던
우리들의 분단조국
너
아느냐
그 강물의 흐름 속에 이름 없이 묻혀가던
애비의 할애비의 증조고조 할애비의
핏줄로 이어온 땅, 바로 이 땅의 주인들을,

누구더냐, 누구였더냐
나라에 큰 환란이 있을 때 살아 소리치는 사람
죽음으로 맞서던 사람
높은 제왕들이 아니다 고관대작들이 아니다
사람답게 사는 일이라면
사람이 사람으로 사는 일이라면
제폭구민 척양척왜
보국안민 척양척왜
조선 천지간에 훤한 세상 쏟아내고
고부에서 황톳재에서 산불처럼 타오르며
갑오년 농민군으로 일어서던 우리 아니더냐
쪽발이 똥쓰레기 우리 피로 씻으며
우리 땅 찾는 일이라면
빼앗긴 내 나라의 해방을 위한 일이라면
삼월 이 땅위에 독립만세 부르던
바로 우리 아니더냐


독재와 압제의 사슬 끊고

식민과 매판의 무리 불태우며
조국의 자주, 조국의 민주주의 찾는 일이라면
이 땅, 우리 땅 살 길 찾는 일이라면
그 모든 사월들이
그 모든 오월들이
산과 강을 넘고 벌판을 내달리며
거리 거리에
마을 마을에
햇살 눈부시도록 붉은 피 뿌리며
살아, 되살아오던 6월, 6월의 투혼들
힘찬 투쟁의 함성들을
너 들었느냐
독재타도 민주쟁취 독재타도 민주쟁취
독재와 압제의 쇠창살을 뚫고
붉은 피 흘리며
가슴 벅차게 달려오던 조국의 푸른 하늘을 보았느냐


참으로 빛났네 이 땅에 비친 햇살

우리들의 신음은 함성으로 변하여
달려가고 싶었네 이대로 우리들 달려
무장지대와 민통선 비무장지대 넘고 넘어
백두에서 한라로
낙동에서 압록으로 달려가고 싶었네
그대로 가면 새 세상이 올 것 같았네
민주여 사랑하며 살
통일이여 사랑으로 살
그날이 올 것 같았네
꽃들은 피어서 벌나비 부르고
새들은 창살을 뚫고 푸른 하늘을 날았었네
그날들의 거리에는 무수한 깃발 날리고
깃발을 들고 깃발이 되어 일어서던 달려가던
아이들, 젊은이들 나이 많은 사람들
보라, 먼저 간 열사들이여
동지여 꽃다운 죽음들이여
죽음이 죽음으로만 끝나서 헛되지 않고
오늘, 살아있는 우리들 가슴에서 가슴으로

부활이 되어 빛나는 것을, 피 끓게 하는 것을

아 아 독재조국의 민주는 오는가
식민조국의 자주는 오는가
분단조국의 통일은 오는가

전쟁처럼 쏟아지는 살인 독개스와 파편들
저지하려는 것이 아니라
아예 잡아 죽여버리겠다고
미친 개처럼 쫓아와 휘둘러대는
몽둥이, 주먹, 쇠파이프, 발길질
이것으로 막겠는가
그 무엇으로 가슴 떨리도록 벅차오는
조국의 민주주의를 막겠는가
조국의 통일을 막겠는가
십만 천만 아니 사천만이 하나가 되어 타오르는 함성을
저 사랑의 분노들을
거짓 항복으로 막겠는가

총칼로 막겠는가

핵무기로 막겠는가

막을 수 없다 꺾을 수 없다

흩어지지 않고 흩어졌다 모이고 쏟아지며

저 솟아나는 힘

눈부신 저 분노

분노가 이 시대의 눈물겨운 참 사랑법임을

가슴 가슴마다 전하며

손에 손 굳게 잡고 확인하고 맹세했다

그날, 그날을 오게 하리라

그날, 그날은 오리라

신음하던 모든 사람들이 함께 일어나

사람이 사람으로 사는

사람이 사람답게 사는 해방의 세상

민족통일의 세상 오게 하리라


그날이 오면

제국의 총칼과 이데올로기에 흩어진

우리들 남북이 우리들 힘으로 다시 모여 살
얼싸안고 사랑하며 끝도 없이 살
그날이 오면
남쪽에서 쌀을 내고 북쪽에서 나무 내어
해방의 밥을 지으리라
통일의 밥을 지어 나누리라
그리하여 그 기쁜 날엔
북장구 장단에 맞춰 보릿대춤을 추리라
해방의 춤 통일의 춤을 추리라
그날은 살이 풀리는 날
제국의 살, 분단의 살, 쿠데타 압제 독재의 살
이 땅 조선 땅에 끼인 모든 잡놈의 살이 풀리는 날
그 모든 남쪽과 그 모든 북쪽이
삼팔선에서 흥겹게 만나 통일의 줄을 당기리라
삼천리강산 조선 땅에 대동놀이 벌어지는
그날이 올 때까지
우리들의 식민조국, 우리들의 독재조국 우리들의 분단조국
부끄러워 할 수만 없다 기다릴 수만 없다

이 땅 더럽히는 모든 적 그 모든 악의 무리
허위, 조작, 날조, 은폐, 눈만 뜨면 일을 삼아
입 닥쳐라 귀 막아라 눈 감아라
말하는 놈 입 찢어놓고 귀 트인 놈 고막 뚫어놓고
눈 뜬 놈 눈 빼버린다
위협 협박 공갈 쳐놓고 한밤중에 쓱싹 잡아가고
폭도로 몰아 쳐 죽이고
용공이다 좌경이다 멀쩡한 사람 생매장하는
아직도 우리를 욕되게 하는 저 기만의 무리들
용서하지 않아야 한다 용서하지 말자
우리들 하나가 되어 맨주먹인들
붉은 피 흐르는 들
산맥처럼 솟아나는 타오르는
우리들의 힘찬 힘 불러모아
일어서야 한다 사랑으로
내 땅에서 떳떳이 모여
우리 모두 싸워야 한다
민주의 세상 그날이 올 때까지

해방의 세상 그날이 올 때까지
통일의 세상 그날이 올 때까지
사천만이여! 민족 혼들이여!

**박남준**  1957년 전남 법성포 출생. 1984년 『시인』지로 등단. 주요 시집으로 『세상의 길가에 나무가 되어』 『다만 흘러가는 것들을 듣는다』 『적막』 등. 산문집으로 『작고 가벼워질 때까지』 『꽃이 진다 꽃이 핀다』 등.

**그대 하늘이 되었구나**

제
2
부

# 죽은 자는 말이 없고

민영

그땐 그런 일이 있었다
조국분단 43년의 한여름에
구름 같은 젊은이들 맨주먹 휘두르며
날아오는 최루탄 살인방망이에 맞서서
피 흘리며 쓰러진 항쟁이 있었다.
아무도 그들 편이 되어주지 않았다.
상투쟁이 영감들은 잿밥에만 눈 어둡고
백성들은 세상이 탕평해져서
잘 먹고 잘살고 잘 놀기만을 바랐다.

시인이란 자들도 별수 없었다.
천하의 근심 걱정 저 혼자 떠맡은 듯
흰소리 텅텅 치고 한숨 내뱉고
입술 실룩거리며 심각한 체했지만
거리에 함성 일고 연기가 치솟자
누구보다도 먼저 쥐구멍을 찾았다.

그때 한 젊은 여인이 춤을 추었다.

너덜거리는 무명옷에 고무신 신고
머리카락 산산히 풀어헤치고
오랏줄에 묶인 몸 이리저리 뒤틀다가
덩 덩 덩더쿵!
해방의 북소리에 맞춰 춤을 추었다.
싸우던 사람들도 숨을 죽이고
하염없는 눈으로 지켜 보았다.
대낮의 한밤 같은 열기 속에서
죽어서 돌아온 넋의 슬픈 사연을
여인은 온몸으로 읊어주었다.

그 영혼의 흐느낌 하나로
한 시대가 기울고 한 시대가 열렸다.
노도와 같은 흐느낌이 주검을 에워싸고
뉘우침의 칼날이 우리 가슴을 찔렀으나
죽은 자는 말이 없고 들을 수도 없었다.
조국분단 43년 용광로 같은 한 여름에

그런 일이 있었다, 옛이야기 같은…….

**민영**  1934년 강원 철원 출생. 1959년 『현대문학』으로 등단. 주요 시집으로 『단장』 『엉겅퀴꽃』 『유사를 바라보며』 『방울새에게』 등. 만해문학상 등 수상. 현재, 민족문학작가회의 고문.

# 그대 하늘이 되었구나

강은교

그대 드디어 하늘이 되었구나
그대 신신한 바람 날리는 구름이 되었구나
아름다운 6월의 젊은이인 그대
어제도 오늘도 내일도 젊은이인 그대

그대 드디어 이 땅에 길 만들었구나
어둠이 어둠을 거두며 가는 길
피톨들 함께 안으며 가는 길
억울한 왼 죽음들 솟구치는 길

그날, 천구백팔십칠년 유월 구일
최루탄 직격탄에 꽂힌 그대의 피 우는 부르짖음
아무도 막을 수 없었다
그대의 부르짖음이 신촌을 흘러
그대의 꿈이 반도에 흘러 넘치는 것을
반도에 누워 이리도 빛나는 것을.

그대, 아름다운 유월의 젊은이인 그대
이제 별이 되러 갔구나
우리가 마시고 있는 이 어둠의 연기
우리가 뿌리고 있는 이 거짓의 악취들
우리가 던지고 있는 이 탐욕의 살기들에
그대의 찬 빛을 뿌리시라.
우리 모두 똑바로 걸어가도록
우리 서 있는 이 벼랑
꼼꼼히 꼼꼼히 내려다 보시라.

이 싸움 무성한 '순간'의 행진에
이 울음 무성한 '여기'의 진흙꽃밭에
모오든 허약과 비겁과
모오든 가식假飾과 기회주의 위에
모오든 눈치와 눈치 위에
그대여, 화살되어 언제나 내려오시라.
아름다운 유월의 젊은이,

이한열 열사여

붉은 민주주의여

**강은교** 1945년 함남 홍원 출생. 1968년 『사상계』 신인문학상으로 등단. 주요 시집으로 『허무집』 『초록거미의 사랑』 『시간은 주머니에 은빛 별 하나 넣고 다녔다』 『등불 하나가 걸어오네』 등. 산문집으로 『사랑법』등. 한국문학작가상, 현대문학상, 정지용문학상 등 수상. 현재, 동아대학교 문창과 교수.

## 그대의 하늘길 —이한열 군을 보내며

양성우

어디쯤 갔는가, 그대의 하늘길.
거기서는 눈부시게 물결치며 오는 날을 한 눈으로
볼 수 있는가.
여기 맨주먹 큰 싸움 매운 연기 속에
그대 앞선 자리 살아남은 형제들 그대의 이름으로
마지막 이 어둠을 뿌리째 거두리로다.
절대로 티 없이 칼날 앞에 한 치의 두려움을 모르는
젊은 넋들 몸을 던져 역사를 여는 눈물겨운
함성 속에
시뻘건 피 뿌리며 떠나간 이여.
그대 슬픈 그 이름 하나로 이 어둠을
뿌리째 거두리로다.
응답하라 그대,
이 여름날 백양로에 불같이 일어선 형제들 땅을 치며
목을 놓아 그대의 노래를 부르고 또 부르나니.

**양성우** 1943년 전남 함평 출생. 1970년 『시인』지로 등단. 주요 시집으로 『겨울공화국』『그대의 하늘길』『물고기 한마리』『길에서 시를 줍다』 등. 신동엽창작상 수상.

## 거룩한, 젊은 몸

### 김정환

한열아
그날 우리는 교정에서 장례식을 치르고
너의 주검을 떠메고 여기까지 왔다.
부르튼 발이 길을 부르고 길이 통곡을 부르고
통곡이 함성을, 함성이 민주주의를
민주주의가 미래 전망을 부르고
이곳에서 인산인해의 길은
찬란한 세상보다 더 넓고 깊어졌다. 너의 죽음은
낮게 낮게 가라앉으며
다시 부르튼 발의
길이 되었다. 너의 죽음으로
거룩함은 거룩함의
몸이다. 장엄한
정신도 거룩함의
의상에 지나지 않는다.
한열아
오늘 우리는 너의 교정 백양로에서
서울 시청 앞 광장까지

20년 동안을 다시 걸었다.
부르튼 발은 아물었다. 그날의 통곡과
함성은 낮게 낮게 가라앉았다. 세상은
밝고 맑고 명랑하지만, 그렇다,
한열아, 우리는 20년 동안
그날
너의 주검과 만났던 단 하루의
경로를 다 이루지 못했다.
너의 죽음으로
오늘
죽음은 스무 살 청춘의
나이를 먹는다.
너의 죽음으로 이 시대 청춘은
이리 밝고 맑고 명랑하다.
앞장 서 죽은 거룩함은 거룩함의
몸이다.
한열아 아직
쉬지 못하리,

아직 한참을 더 가야한다.
미안하다, 정말 미안하구나.

**김정환**  1954년 서울 출생. 1980년 『창작과비평』으로 등단. 주요 시집으로 『지울 수 없는 노래』 『황색예수전』 『회복기』 『좋은 꽃』 『해방서시』 『기차에 대하여』 『레닌의 노래』 등.

# 아침 태양이 솟듯이 —이한열 열사 20주기에

이기형


한열아
엄마다
귀염둥이 재주꾼 내 새끼 네가 부활한 지도 어언 20년이구나
인지와 과학이 아무리 발달해도
한번 간 목숨을 되돌릴 수는 없는 법
엄마는 오늘도 그저 허공을 바라 네 모습을 그려보며 가슴이 메어질 뿐
천심은 무심해도 인심은 무심치 않아
오늘 아침도 네 모교 네 동상 앞에는
많은 벗들이 꽃다발을 놓고 갔구나
네 이름을 붙인 도서관에도 찾는 발길이 멈추지 않았다

1987년 7월 9일
한열이 우리 곁을 마지막 떠나던 그날
백만 조문객이 아니 격노한 민주화 물결 산맥이
연세대 교정에서 시청앞 광장까지 울부짖는 파도더미마냥 꽉 메워

서울 장안은 온통 민주화와 통일의 피맺힌 함성 절규 물결로 흔들렸습니다

문익환 목사의 '전태일 열사여! 박종철 열사여! 이한열 열사여'

분신 타살 열사들의 호명 시낭송은 절창이었지

이어, 비감 장중한 만가에 맞춰

이애주 교수의 길놀이 진혼굿 춤은

만인의 가슴을 후벼 파고도 남았습니다

이렇게 이한열의 이름과 더불어

불멸의 유월항쟁의 불길은 타 올랐났느니

군사독재정권은 물러갔건만

친일잔재 수구배들 때문에

미군은 남아있고 국가보안법은 존속된 채 오늘에 이르렀습니다

분단 62년이라니?!

대명천지 민주주의 대낮에

이게 어디 말이나 될 법합니까

친일 친미 수구배들은

골수 친일 적자 박정희 군사독재를 추켜 세우며

미군 영구주둔과 국가보안법 존속을 떠벌입니다

저들은 멀리는 을사오적의 후예요

가깝게는 친일 배신자들의 후손입니다

무엄하게도 차기 대권마저 넘봅니다

하지만, 우리 유권자들은 현명합니다

분단 62년간 외세의존 반역사 통치는

인성을 파괴했고, 통일을 가로막았음을 늦게나마 알아차렸습니다

선과 악, 정의와 불의가 어느 쪽인가를 가려낼 능력도 가졌습니다


부시는 우리 북쪽을 폭군, 악의 축, 폭정 전초기지라 매도하며

목 조여 죽일려고 발광했건만

북은 자주 선군 천재외교로 상승 약진

부시의 꽃대를 꺾어 놓았습니다

부시는 결국 대북 굴복을 했습니다.

이는 새 사회주의의 고개 듦이요
낡은 자본주의의 고개숙임입니다
21세기 화두가 됐습니다

미국 자본주의 말기 썩은 문화가
안방 구석구석까지 파고 들었고
겉옷 속옷을 다 내어주고도
굽신굽신 나체춤 추는 남쪽과
얼마나 대조적인가요
을지문덕 남이장군의 기개는 어디로 갔나?
을사늑약 경술국치의 망국한이 스쳐
21세기 정다산도 황매천도 없는가
반일 독립 우렁찬 그 목소리 다시 듣고 싶어
정녕, 이 나라엔 정치가도 애국자도 없단 말인가
허나 우리 일반 서민대중은
자주적이요 애국적이요 헌신적입니다
오는 대선에선 구국의 기치를 높이 들고
이순신장군 후손만 골라 표를 찍을 것입니다

62년간 외세, 악법, 수구배로 역사가 뒷걸음쳤지만
저들의 운명은 일낙서산 벼랑 끝입니다

이한열 열사여!
열사가 그렇게도 열망해 마지 않던 민주세상 통일세상은
우리들의 가열찬 싸움으로
아침 태양마냥 솟고야 말 것입니다
은하수 여울목 푸른 동산 꽃밭에서
저희들에게 내내 나는 천리마 힘을 주시옵소서

**이기형**  1917년 함남 함주 출생. 1980년 시집 『망향』으로 등단. 주요 시집으로 『지리산』, 『별꿈』, 『해연이 날아든다』 등. 전기로 『도산 안창호』, 『몽양 여운형』 등.

## 돌아오라 그대, 6월 꽃넋이여 —이한열열사를 그리며

김희수

잊지 못하리 지금도 나는
지글지글 끓던 그 저물녘, 터질 듯한 심장
둥둥 북소리에 최루의 매운 눈물 위에
피 흘리며 부릅뜨던 매서운 눈초리,
죽어서도 천군만마를 거느리고
마침내 이기고 돌아온 빛고을 사내

그대는 내 가슴을 찔러버린 날카로운 비수
기어이 실핏줄까지 울리고 말았던 짤막한 시
순백의 꽃, 그 향기에 지질려
일단의 군인들이 짐승의 발톱을 접고 말았어라
금남로 피멍울들도 찔끔찔끔 녹아 흘렀어라

한 번 눈감아 백 만인의 눈을 뜨게 하고
한 번 피 흘려 꽃 산천 범벅 이룬
그대, 자랑스런 6월의 꽃넋이여

그대를 잊고 20년

그대의 살점 맛나게 발라 먹으며
그대의 피 능청맞게 후루룩 마시며 살았어라
아무렇지도 않게 자식들 앞에 깔깔거리면서

쳐다보는 저 하늘은 절로 푸르러진 것이라고
굽어보는 저 강물은 절로 맑아지는 것이라고
아무렇지도 않게 바보같이 깔깔거리면서

오오, 그러나 이제라도
그대와 못다 부른 약속의 노래
죽어도 불러야 할 노래 한 곡 있나니
돌아와야 하리 그대는 다시 한번
계면조로 울던 그 거리의 아우성으로
산비탈마다 웃음 짓던 찔레꽃 사랑으로

3월, 피 젖은 베적삼들이랑
4월, 진달래 붉은 그리움들이랑
5월, 무등뫼 열사 형님들이랑

뜨거운 손 맞잡고 와야 하리

보라, 우리가 부끄럽게 선 자리
그대의 몸살 아닌 것 하나도 없나니
어허 둥둥 어허 둥둥 남북강산에
궐기하는 꽃넋들이여

**김희수** 1949년 전남 담양 출생. 주요 시집으로 『뱀딸기의 노래』 『지는 꽃이 피는 꽃들에게』 『오늘은 꽃잎으로 누울지라도』 『사랑의 화학반응』 등. 광주전남작가회의 회장 역임.

## 어머님, 한열이 어머님! —이한열 열사 20주기를 맞아

**이행자**

어머님!
스무 해 전
앵두 익을 이 무렵
그 착하고 잘도 생긴
우리네 아들 한열이가
마지막 본
햇살 눈부신 그날이
바로 오늘입니다
2007년 6월 9일!

"전두환!
노태우!
이 살인마들아!
내 아들 살려내라!"

피 터지는 소리로 온누리
울음바다로 만든
1987년 7월 9일!

오늘도
생생하건만…

"전태일 열사여!
박종철 열사여!
광주 이천 영령들이여!
　……"

신촌에서 광주 망월묘역까지
메아리쳐 간
늦봄의 그 처절했던
호곡소리도 생생하건만
아직도 국가보안법이 시퍼렇게 살아
의로운 이들에게 족쇄를 채우고
비정규직 노동자 농민들을
거리로 내몰고 있습니다.

막내 아들이

서울대에 입학해도
심드렁해 하시며
큰아들 한열이를
가슴에 품고 사시는 어머님!

어머님!
'이철규 진상규명'
단식농성장인 명동성당에서
당신이 제게 들려주신
그 말씀,
늘 내 명치 끝에
거멀못으로 박혀 있습니다.

"내, 눈 감는 그날까지
 '저렁께 새끼 앞세웠제' 소리
안 들을려고
내가 얼마나 세상을
살얼음처럼 살아야 하는지…

이 선생이

어찌 알겠능가?"

**이행자** 1945년 서울 출생. 1990년 제3회 전태일문학상으로 등단. 주요 시집으로 『들꽃 향기 같은 사람들』 『은빛 인연』 『꽃·파도·세월』(강민, 이행자 시화집). 산문집으로 『아! 사람아』 등.

# 유월의 전설 — 이한열 열사 잠매潛寐 길에

## 박희호

노도같이 밀고 밀며
주홍빛 범벅이 된 함성
그 대궁 마디마다 징소리 붉디붉게
번지고 있습니다
한 올 한 올 베를 짜듯
그대가 외쳤던 숱한 점들, 이제 깃발이 되어
노을을 적시고
갓 깨워놓은 민주주의의 펼침막은 끓는 용암처럼
그대 모교 강의동 벽에서
부풀고 부풀어 자유의 봉화대에
뭉치고 뭉쳤던 소리를 풀어 놓았습니다
꽃이시여
결코 우리가 닿을 수 없는
등짝에 핀 꽃이시여
그곳에 피었기에
행진을 멈출 수 없습니다
그대가 밀랍이 되었기에 우리는 이글거리지 않을 수 없습니다

이렇게 에둘러 태우지 않고서야

어찌 그대를

우리 가슴에 봉인할 수 있으리오

거리마다 끊어질듯 가파른 음계

그 음계에 비린내 진동하는 깃발을 세웠습니다

객석의 침묵이 나부끼고 있습니다

그대, 열사시여

이제 여장 푸시고

이 유월을 기록한 책이 되소서

역사가 되시고

전설이 되소서.

우리 오래도록

그대를 읽어 내겠습니다.

**박희호**  1954년 대구 출생. 1978년 시 동인지 『시문』으로 등단. 주요 시집으로 『그늘』 『바람의 리허설』 등. 현재, 한국문학평화포럼 이사.

## 스파클 생수 —박종철

**박후기**

내 몸은 끊임없이
맑은 피가 샘솟아요

당신들은
나를 욕조에 거꾸로 처박고
콧구멍으로 흘러내리는
피눈물을 받아 마시지요

한 잔의 피눈물이 빠져나갈 때마다
통 속에 차 있는 슬픔
쿨럭쿨럭 앓는 소리를 내며
둥근 몸을 빠져나가는 게 보여요

종이컵 속으로
한 잔의 뜨거운 눈물이 흘러넘치고

나는
차갑지만 뜨겁게 살다 간

맑은 물 한 통이지요

거꾸로 처박힌 양심이지요

**박후기** 1968년 경기 평택 출생. 2003년 『작가세계』 신인상으로 등단. 주요 시집으로 『종이는 나무의 유전자를 갖고 있다』. 신동엽창작상 수상.

# 그 자리

김규동


이 옥외
시멘트 계단은
피 한방울 없이 말끔하다
햇살이 잠시 머문다
그를 아는 사람보다는
모르는 사람이 더 많이
오르내린다
세월이 지나면
여기도 헐려 새 집이 들어선 다음
이 자리는 없어질 것이다
그날 학생은
군사파쇼타도
해방통일을 외치며
이 4층 건물 옥상에서
계단 아래로 투신했다
망가진 꽃송이같이
그는 사라졌다
기적처럼 말끔한 이 계단길

허나 아직도
불 같은 목소리로
외치고 있는 그가 있다
독재정권 물러가라
자주 평화통일만세…….

**김규동**  1925년 함북 종성 출생. 1948년 『예술조선』 신춘문예로 등단. 〈후반기〉 동인. 민주통일국민회의 참여. 주요 시집으로 『나비와 광장』 『죽음 속의 영웅』 『깨끗한 희망』 『느릅나무에게』 등. 자유문인협회상, 만해문학상 등 수상, 은관문화훈장 서훈.

## 운구를 기다리며

### 정철훈

운구를 기다렸다
죽음이 위대해지기를 기다렸다
연세대 백양로를 지난 운구 행렬이
세브란스 앞에서 네 시간째 움직이지 않는다는 뉴스가
광주방송을 타고 내려왔다
택시 안에서 젊은 죽음이 뉴스처럼 운구되고 있었다
신촌 노제의 풍물패 꽹과리 소리가 들려왔다
운전기사와 더불어 특별할 것 없었던
밤 사이 안부를 묻고
사람의 죽음이 얼마나 위대한 것인가를 묻고
비가 내리고 오랜 가뭄 끝에 내린 비 때문에
움직이지 않는 택시 안에 갇혀 있었다
그날 운구는 오지 않았다
그 사실을 최루가스 뿌려진 금남로에서 알았다
죽음은 누구에게 열려진 것일까
용납할 수 있는 것은 반항일까
절실한 것은 그날 내려진
남해 폭풍주의보였을까

그날 기다린 건 죽음이 아니라
그것을 그리워하고 그것을 얘기할 말상대였다
관짝이 우리들의 살림이라고 말하고 싶어졌다

**정철훈**  1959년 광주 출생. 1997년 『창작과비평』으로 등단. 주요 시집 『살고 싶은 아침』 『내 졸음에도 사랑은 떠도느냐』 『개 같은 신념』 등. 현재 국민일보 문학전문기자.

# 모란공원*

김영환

겨울 모란공원 묘지에 가면
앞산의 누운 이 뒷산 누운 이를 쓰다듬고
죽은 이가 산 이의 가슴을 어루만지네

이제 누워 편히 쉬게, 어서 자리 깔고
찬바람 눈보라 지나가면 새봄 온다네
유난히도 고운 개나리랑 진달래
온 산에 핀다네

차마 이곳 그리워 말라구
날 따라 이곳에 누울 생각일랑
아예 말라구

겨울에 모란공원에 가면
누운 이가 입을 열어 말하고
고개를 떨군 나뭇잎들이 말이 없네

찬바람 눈 덮인 공원묘지

조각공원 청동보다 더 무거운 침묵의 소리
안개처럼 자욱하게 서려

산 이들 줄을 이어 언 땅에 눕고
죽은 이들 저녁 햇살로 일어나 앉네

겨울에 모란공원에 가면
산 이와 죽은 이가 소리 없이
눕고 서고, 서고 눕고
죽은 사람 한 사람이 산 사람 열을 일으켜세우네

---

*경기도 마석에 있는 공원묘지. 민주화운동에서 희생된 많은 분들이 묻혀 있다.


**김영환** 1955년 충북 괴산 출생. 1986년 『시인』 『문학의시대』로 등단. 주요 시집으로 『따라오라 시여』 『지난날의 꿈이 나를 밀어간다』 『꽃과 운명』 등. 산문집으로 『홀로 선 당신이 아름답습니다』 등. 녹색정치인상, 남녀평등정치인상 등 수상. 청조근정훈장 서훈.

# 나뭇잎 하나로 이 세상을

## 나희덕

잠든 산들아
너희 가슴속 숨겨진 무덤이 열리는구나
우리는 거기서 두 발로 걸어나와
잎새 하나에 깃들어 말하리라
나뭇잎 하나로 즙을 짠다면
그물맥 접어넣고
혼과 길빗대, 뼈마디까지
분질러서 즙을 짠다면
잘라, 쓸어, 쪼아, 갈아
마침내 이 세상을 적시는 친구의 죽음
너의 죽음, 그 앞에
세 삽의 흙을 던지고
우리는 다시 걷기 시작한다
너의 즙이 이 땅에 강물이 되고
푸른 눈물이 되는 날
움트는 또 하나의 표적처럼
저기 저 수없이 반짝이는
나뭇잎 하나들,

우리 살아남은 자들의 희망을
돌아오는 너에게 들려주리라

**나희덕**  1966년 충남 논산 출생. 1989년 중앙일보 신춘문예로 등단. 주요 시집으로 『뿌리에게』 『그곳이 멀지 않다』 『어두워진다는 것』 등. 김수영문학상, 오늘의 젊은예술가상, 현대문학상 등 수상. 현재, 조선대 문창과 교수.

## 다시 백양로를 마음에 새기다

이종주

그날
충정로에서 백양로까지 친구와 함께 나는
그대 영결식장에 참석하기 위해 걸었다
수없이 펄럭이는 만장을 바라보며
수없이 나부끼는 푸른 잎 푸른 청춘을 보며
나는 걸었다
최루탄 가스 속에서도 눈물을 흘리면서도
사내는 죽을 자리에서 죽어야 다시 산다는 것을 생각했다
죽어서야 역사에 살아서 빛나고
푸른 청춘의 마음속에 다시 살아난다는 것을 생각했다
아름다운 것이 어찌 꽃과 나무뿐이랴
아름다운 것이 어찌 달과 별뿐이랴
조시 속에서
춤사위 속에서
문상객의 마음속에서
다시 살아나 역사를 새롭게 기록하고
민주주의의 대문을 활짝 열어 놓은
아름다운 영혼 이한열 열사

오늘
나는 햇빛은 밝고 바람은 맑은 날
최루탄 가스도 없는 초여름날
아름답게 팔랑이는 저 수많은 잎새를 보며
아름답게 팔랑이는 그대 정신을 보며
내 마음에 백양로의 그대를 다시 새긴다

**이종주** 1957년 강원도 장성 출생. 1995년 『시인과사회』 신인상 당선으로 등단. 주요 저서로 『세상에서 가장 지혜로운 이야기』 『별처럼 빛나는 이야기』 등. 현재, 〈문학과 문화를 사랑하는 모임〉 상임이사.

## 나, 그간 채광석 형 잊고 살았소. —아, 채광석 20주기에

**홍일선**

희망이 가여울 때 너무 많다
길 아득하면 아득할수록
아프게 그리고 아주 더디게
우리 님 찾아오신다고 했는데
천지간 깨쳤다는 것들 다 눈멀어서
온전히 생명 지키고 있는 꽃들
다 버림받아야 해서
대저 장삼이사 시인은 많으나
바른 숨 붙어 있는 시인 만날 수 없는데
만물일화萬物一花 꽃 한송이 태어나시는 것
간절히 노래한 시 한편 찾을 길 없어
어디 가야 그대 목메인 노래
다시 들을 수 있으랴.

그리움, 깊으면 깊을수록 기어이 이루어지리라는
부질없는 설법說法
내 아직도 놓지 않고 있었음인가.
그러나 시인이여

'저 꿈에도 못 잊을 원한과 열망의 봉우리
꼭대기에 두 발을 딛고 새하늘 새땅을 보기 위하여*
그날 오직 그날을 위하여
기다림의 시로 서로를 묶어
질기디질긴 목숨의 밧줄 만들라는
그리고 이 땅에서 시를 쓰려거든
목숨을 걸고 시를 쓰라는 시인의 뜨거운 당부
나 지킬 수 없었으니
나 그저 먼산이나 바라보다가 먼바다나 그리워하다가
5월 지는 꽃이 차마 서러워
홀로 눈물 감춰야 했으니.

세상 많이 속였다고 참회하는
시인 하나 그리울 때 있지만
기다림에 지치면 지친 날만큼
좋은 세상 가까우리라는
미혹 아직 접지 못하여
목숨의 밧줄 놓지 말라는 지독한 시

잊고 사는 게 오히려 편했나니
채광석 시인 이름 잊고사는 게 편했나니
광주의 참혹했던 오월도
종철이를 한열이를 살려내라는 유월항쟁의 목메인 소리도
다만 흘러간 과거라고 이젠 잊어야할 때가 되었다고
우리 노래하지 않았던가
나 언제쯤 큰붓 하나 구해서
생명의 밧줄 같은 시 한편 모실 수 있을런지
그리하여 교언염색巧言令色의 시를 써서 세상에 지은 죄
겨우 씻을 수 있을런지.

\*채광석 시인의 시「밧줄을 타며」에서 인용

\*채광석(시인·문학평론가)은 1987년 6월항쟁 당시 〈자유실천문인협의회〉 총무간사로서 전두환 정권의 '4·13 호헌조치에 반대하는 문학인 성명'을 주도하는 등 이나라 민주화를 위해 헌신하다가 6월항쟁 직후인 1987년 7월 12일 불의의 사고로 타계한 분이다.

**홍일선**   1950년 경기 화성 출생. 1980년『창작과비평』으로 등단. 주요 시집으로『농토의 역사』,『한 알의 종자가 조국을 바꾸리라』등. 현재, 한국문학평화포럼 사무총장, 시전문지『시경』및『한국평화문학』편집주간.

## 마지막 욕쟁이 채광석

김진경

어린 시절 저녁밥 먹으라고 부르는
어머니 목소리는
산자락을 두른 저녁 연기를 뚫고
들릴 듯 말 듯 들판의 끝까지 쫓아와서는
개울창에 숨어노는 우리들의 멱살을 붙잡아
여지없이 저녁 밥상 앞에 앉히고야 말았다.
"이 육실헐 눔 어디 가서 지랄허고 자빠진겨."
부르는 소리 뒤에 군시렁거리는
그 기름진 어머니 욕의 힘일 것이다.

채광석, 그는 욕을 할 줄 안 마지막 사람이다.
늘 입에 달고 다니는
술 취한 한밤 전화기에 대고 퍼붓는
그의 기름진 욕을 거름삼아
그의 소리는 푸르게 뻗어
암담한 저녁에도
여지없이 멱살을 잡아
우리를 목숨의 밥상 앞에 앉히고야 말았다.

군시렁군시렁 욕하고 있을 그를 떠올리며
감시의 눈길을 피해 가야 하는
그 멀고 추운 길을
우리는 낄낄거리며 두려움 없이 걷곤 했다.
걸어서 저녁 연기 피어오르는
그리운 집에 닿곤 했다.

아, 이제 살아남아야 한다는 이유 하나로
남의 가슴에 칼을 꽂는 사람은 많아도
욕을 할 줄 아는 사람은 없다.
그 기름진 사랑을 퍼부을 줄 아는 사람이 없다.
우리 목숨의 밥상에 차려 졌던
민주며, 평등이며, 정의며, 사랑이며 하는 것들도
살아 남기 위해 위로만 뻗는 낙엽송 숲의 나무처럼
멀쑥 멀쑥 키만 커졌다. 마네킹의 냄새가 난다.
아, 이 숲엔 부르는 소리가 없다.
아, 이 숲엔 우리가 함께 앉을 밥상이 없다.
아, 이 숲엔 그 모든 것을 키우는 기름진 사랑이 없다.

술 마시고 돌아오는 밤
깜빡이 등이 깨어지고, 안테나가 부러진 차 앞에서
나는 문득 뒤를 돌아본다.
아무래도 버릇대로
너만 혼자 잘 먹고 살면 되냐!
군시렁군시럴 욕을 퍼부으며 그가 찾아와
안테나를 부러뜨리고 등을 깨트린 것 같다.
돌아보면 담 모퉁이를 돌아가는 쓸쓸한 한 사내의 등이 보인다.
아, 우리가 찾아야 할 삶
아, 우리가 찾아야 할 사랑
마지막 욕쟁이 채광석
늘 우리에게로 오고 있는 아름다운 사람.

김진경 1953년 충남 당진 출생. 1974년 『한국문학』 신인상으로 등단. 주요 시집으로 『우리시대의 예수』 『슬픔의 힘』 『지구의 시간』 등. 동화집으로 『고양이학교』 등. 저서로 『5·18 민중항쟁』 등.

# 그를 찬讚함

임효림

새벽하늘을 열며
황홀한 몸짓으로 피어나
이슬처럼 시들었다

태양이 솟고
세상이 밝게 빛날 때
땅에 떨어져 혼자서 울었다

**임효림**　2002년 시 전문지 『유심』 봄호 신인상 당선으로 등단. 주요 시집으로 『흔들리는 나무』 『꽃향기에 취하여』 등. 산문집으로 『그 산에 스님이 있었네』 등. 번역서로 만해 한용운의 채근담 『풀뿌리 이야기』 등. 현재, 실천불교전국승가회 공동의장.

# 부활절

## 강세환

성안에 같이 살면서도
모르는 게 너무 많았다
답답한 게 참 많았다
떠나가는 너의 꽃상여를 보고서야
어렴풋이 알게 된 일들
너는 굳이 성문 밖에서 부활하리라
너를 품은 고향의 풀더미에서
사람들 때 묻은 허리끈에서
당신의 부활은 비로소 은은하게 시작되리라
성안에서 살았던 지나간 날이
캄캄했던 무지의 세월이 이제야
밝아오기 시작한다
당신과 함께 살아 소리치고 싶다
당신의 죽음 헛되이 하지 않으리라
망월동의 바람이여 훠어이 훠어이
수유리의 바람이여 훠어이 훠어이
망우리의 바람이여 훠어이 훠어이

**강세환**  1956년 강원도 주문진 출생. 1988년 『창작과비평』으로 등단. 주요 시집으로 『월동추』 『바닷가 사람들』 『상계동 11월 은행나무』 등.

## 사악한 권력은 사상누각이다

성희직

꽃보다 아름다운 청춘에
죽어서 겨레의 아들이 된 박종철, 이한열 열사
'앞서서 나가니 산자여 따르라'
광화문 거리엔 1백만 인파로 넘쳐나고
거리로 나선 사람들의 심장은
한여름 태양보다 뜨거웠다
남녀노소 가슴 가슴마다에
봉홧불로 타오르던 민주! 자유! 정의!

함성은 탄광마을, 지하막장에서도 터져 나왔다
도급제노동 인권말살 임금착취에도
숨죽이고 인간두더지로 살아온 광부들 가슴에도
뜨거운 불길이 옮겨 붙었다
"광산쟁이도 사람이다 인간답게 살고 싶다!"
밝은 태양아래 모처럼 함께 한
검은 얼굴들
웃음이 가득했다 참으로 당당했다.

87년 6월의 거대한 함성과

불덩어리 가슴들에

피로써 일어서고 거짓으로 움켜쥔

사악한 권력은 '사상누각' 처럼 무너지기 시작했다.

**성희직** 1957년 경북 영천 출생. 1991년 시집 『광부의 하늘』로 등단. 주요 시집으로 『그대 가슴에 장미꽃 한송이를』 등. 산문집으로 『세상을 움직이는 힘, 감동』 등.

# 민중의 길

박용수

젊은 시인 강태형이 증언하듯이
나의 노래, 십팔번은 울밑에 선 봉숭아

내 나이 열 살쯤 되어서였지
왜정시대 군가 불러 어린 목청 틔우던
어느 해 늦가을 해거름 무렵
중학교 5학년생 나의 형
동생이라고 배워준 노래 하나
울 밑에 선 봉숭아야 네 모양이 처량하다

어찌하여 '불순한' 이런 노래를
철부지 아우더러 부르라 시켰을까
어쩌자고 내 것에 귀 뜨이게 하여
한평생을 봉숭아로 살아가게 만들었나
형아, 형아, 못난이 나의 형아

과수원 등성이 과실나무 밑에서
물 아래 마을 뒷산 저녁놀 타는

그 하늘 하염없는 붉살 바라보며
봉숭아야, 봉숭아야, 서러운 내 노래

어언 간에 겨울 가고 해방은 되었지만
십 년 살고, 십 년 살고 , 이어 이어 거듭 십 년
젊음 하나 남김없이 한누리를 살았어도
봉숭아야 네 모습은 오늘도 처량하다

어두운 울 밑조차 벗어날 수 없었으니
어디라 길 찾아 떠나기를 바라겠나
키 크기 방패를 번쩍거리며
군복 입은 아이들이 길목마다 늘어서서
울타리 겹겹 치고 그 밑에서 살라 한다

싫다니 낚아채고 군화발로 짓밟는다
온몸이 시커멓게 피멍이 들도록
발길질, 주먹질, 몽둥이 찜질
아픔보다 설움으로 몸 비비꼬며

봉숭아야, 봉숭아야, 봉숭아를 부른다

언제 한때
이 땅에도 볕살 환히 퍼질까
햇살 같은 밝은 세상 아니더라도
숨 한번 시원하게 쉴 수나 있었으면
노래 한번 후련하게 부를 수나 있었으면

봄, 여름, 가을, 겨울 사철 없이
머리 위를 하얗게 쏟아져 덮는
사과탄, 총류탄, 온갖 지랄탄
봉숭아야, 꽃 한 송이 지켜 살기에
아린 눈 타는 듯 눈물만 흐르구나

이 겨울은 그나마 내 자취마저
이 땅에서 쓸어내듯, 없애버리듯이
온몸뚱이 꽁꽁 묶어 감옥 속에 던지네
현저동 110번지, 그 높은 울타리 안

겨울바람 스산히 굴러가는 이런 밤은
시찰구에 얼굴 박고 봉숭아를 부른다

봉숭아야,
봉숭아야,
아, 나의 노래
화창스런 봄바람에 환생키를 바라자

**박용수** 1934년 경남 진양 출생. 자유실천문인협의회 창립 회원. 민주통일운동연합 결성 참여(보도실장). 주요 시집으로 『바람소리』 『거듭나기 바라는 꿈 머리맡에 두고』 에세이집으로 『겨레말 외나무 다리에 서다』 등. 주요 편찬 사전으로 『우리말 갈래사전』 『겨레말 갈래 큰사전』 등. 현재, 한글문화연구회 이사장으로 있으면서 〈자연어 검색 전자 갈래사전〉 개발 중.

## 제 3 부

**나도 꽃병으로 날아가고 싶었지**

# 꽃병

김경윤

그래, 너나 나나 꽃병이 되고 싶어 했지. 소주병 가득 불꽃 같은 분노를 담고 온몸으로 날아가 산산이 부서지고 싶었지. 미치게 푸른 오월 하늘 아래서, 각진 돌멩이처럼 상처난 가슴 보듬고 꽃으로 피어나고 싶었어. 짱돌이 둥글게 날아가던 그 시절. 그래, 나도 꽃병으로 날아가고 싶었지. 끝내 깨지지도 불타지도 못했지만 마음은 검은 아스팔트 위에 솟아오르는 불꽃이었어. 그 분노의 불길들 이제는 다 사그라들었지만 …….

아직도 가슴에 남아 있는 꽃병 하나, 바람 부는 쓸쓸한 날이면 취한 말(馬)들의 울음소리로 휘잉휘잉 운다. 그러나 어쩔 꺼야, 분노는 희망을 꽃 피우지 못하는 것을. 오늘은 신너 대신 달맞이꽃 한 아름 꺾어 들고 그대에게 가고 싶어. 밤늦도록 주막에서 되새김질하던 닳고 닳은 그 상처들, 내 안에 오래 두었던 꽃병 하나, 그대 머리맡에 두고 싶어.

김경윤 1957년 전남 해남 출생. 1989년 『민족현실과 문학운동』으로 등단. 주요 시집으로 『아름다운 사람의 마을에서 살고 싶다』 등. 현재, 민족시인 김남주기념사업회 회장.

# 해는 무엇이 떠올려주나

김명수

해는 무엇이 떠올려주나
해는 수많은 밤들이 떠올려준다
그 밤에 빛을 잃은 어두운 눈동자와
그 밤에 절망했던 캄캄한 가슴들과
그 밤에 손목 잘린 수많은 손들이
다시 밝을 아름다운 광명의 해

꽃은 무엇이 피워주는가
꽃은 지난해 떨어진 수많은 이파리가
지난해 시들어진 수많은 봉오리가
꺾인 가지, 파인 뿌리
잃은 향기 시든 꽃잎
그 꽃에서 울고 간 벌 나비가 피워준다
선연한 해바라기, 아름다운 백일홍꽃

길은 무엇이 만들어주나
길은 수많은 발과
발자국이 만든다

대로를 걷지 못한 고무신들 짚신들
족쇄 채워 끌려가는
발목 없는 문둥이 발
마침내 그 발들이 큰 길을 만든다

그러나 해가 진정 떠올랐는가
봄 되었다 백일홍이 피었는가 싹텄는가
길은 정녕 그대 앞에 뻗었는가 막혔는가
말하라 밤들이여, 묶여있는 손들이여

꺾인 가지 파인 뿌리 벌 나비 말하라
잃은 향기 고무신 짚신들 말하라
해는 무엇이 떠올려주나
꽃은 무엇이 피워주나
길은 무엇이 만들어주나

**김명수** 1945년 경북 안동 출생. 1977년 서울신문 신춘문예로 등단. 주요 시집으로 『월식』 『아기는 성이 없고』 『수자리의 노래』 등. 동화집으로 『해바라기 피는 계절』 『마음이 커지는 이야기』 등. 오늘의 작가상, 신동엽창작상, 만해문학상 등 수상.

# 버스는 죽었다

## 전기철

버스는 죽었다.
총소리가 수상한 거리를 검색하고 있을 때
버스는 쓰레기처럼 거리에 버려진 채
문들을 열어젖히고 누워 버렸다.
죽은 사람들이 버스 안에서 기침을 하고
감기에 떠는 회색 빌딩들이 조곡을 부르고 있었다.
골목 여기저기에서
살아 있는 사람들이 몰래 버스를 관찰하고
낡은 하늘에 찢어진 깃발을 내걸었다.
버스는 죽었다.
시체들의 암호를 가득 실은 채
버스는 죽었다.
세기말로 향하는 죽음의 길을
뚫어버린 채 해독되지 않은 문자로
그날의 함성으로 경적을 울리고 있었다.

**전기철** 1954년 전남 장흥 출생. 1989년 『심상』으로 등단. 주요 시집으로 『아인슈타인의 달팽이』 『풍경의 위독』 『나비의 침묵』 등. 현재, 숭의여대 미디어문예창작과 교수.

# 그날 비로소 바다가 되었다

**용환신**

강산도 변한다는 세월
그 강과 산을 넘은 허허벌판에
조그만 바람 일었다.
바람은 칼날 추위에 무너져
묻히기도, 흔적 없이 사라지기도
꽁꽁 얼어 죽어가기도 했다.
그럴 때마다 고이는 눈물은
마르지 않는 실개천이 되어
강줄기 찾아 바위에 부딪혀 멍들고
자갈밭에 걸려 만신창이 돼
스스로 흐를 수 없어도
길 아닌 길 적셨다.
너무 힘들고 외로울 때면
텅 빈 세상 구름이고 싶었고
허공 먼저 나는 새가 되고도 싶었다.
하지만,
날이 바뀌면 구름은 구름
새는 그냥 새일뿐,

한 방울, 한 방울의 눈물만이
가슴 끝 분노로
끊일 줄 모르게 이어져
깊은 어둠 속에서도
강물 만나 바다가 되고자
꼭 잡은 언 손 가슴에 서로 녹여
압제의 장벽, 겹겹의 군홧발길 허물며
알몸인 새벽 열어
그날 비로소 바다가 되었다.
강산도 변한다는 세월
그 강과 산을 넘은 허허벌판
조그만 바람 하나가.

**용환신** 1949년 수원 출생. 1985년 『민족문학』으로 등단. 〈사람과 땅의 문학〉 동인. 주요 시집으로 『우리, 다시 시작해 가자』 『겨울꽃』 등.

# 친구여 대답을 준비하라

## 김용락

40년 전
대구 남산동 출신의 노동자 전태일이
어두운 서울의 청계천 재래 평화시장에서
자신의 몸에 불을 붙여서
내몰려고 했던 것은 무엇이었을까
시대의 어둠이었을까?

30년 전
김상진 서울대 학생이
자신의 배를 날카로운 칼로 찔러
우리에게 보이고 싶어 했던 것은
어두운 역사의 그늘 속에서 침묵하던
비명처럼 선명하던 진실의 외마디 외침이었을까?

20년 전
터무니없게도 탁 치니 억 했다는
남영동 대공 분실 욕조 속
천천히 숨이 끊어지던 박종철

최루탄에 맞아 피 흘리며
동료의 품에 안겨 등불이 꺼져가던 이한열
그밖에 이루 다 말할 수 없이 고귀한 청춘과
영혼들이 끝내 바랐던 것은 무엇일까?

유월항쟁 20주년을 맞는
올 유월도
농촌에서는 못자리하느라 일손이 분주하고
뒷산에서는 그해처럼 뻐꾸기 뻐꾹뻐꾹 울고
앉은뱅이 야산에는 찔레꽃이 흐드러지게 피고 있는데
20년 전이나 지금이나
산천수목은 여전히 제자리를 지키고 있는데

농촌은 한미 FTA로 깊은 수렁 속에 빠지고
신자유주의로 노숙자는 거리를 방황하고
인권유린에 내몰린 가엾은 외국인 노동자들은
오늘 밤에도 밤하늘의 별처럼 반짝입니다
아 아 그렇군요

그해 유월 그날의 열정과 함성은 모두 어디로 간 것일까

그날의 뜨겁고 순결하던 열망은

벌써 싸늘한 재처럼 식어버렸나?

차디찬 절망의 얼음덩이가 되었나?

아니면 아직까지 오지 않은 기차

아직까지 오지 않은 혁명의 숨소리

그 피 토하는 상처의 흔적들을 더 기다려야 하나?


친구여 대답을 준비하라

동지여 해법을 준비하라

오늘은 저 위대했던 유월항쟁의 스무 돌

오늘, 우리는 이제 다시 무엇을 할 것인가를

친구여 한번 더 고민하자


**김용락** 1959년 경북 의성 출생. 1984년 창작과비평사의 『17인 신작시집』으로 등단. 주요 시집으로 『푸른 별』 『시간의 흰 길』 『기차소리를 듣고 싶다』 등. 저서로 『한국민족문학론 연구』 등. 현재, 경북 외국어대 교수.

## 우리 처음처럼

김수열

꽃이 진 자리에
꽃은 피지 않는 것인가
그대 한 떨기 통꽃으로 진
그 자리엔 스산한 바람 그리고 바람

더불어 꽃이 되자던
그래서 한아름 꽃무리 이루자던
칼날 선 언약들은
세 치 혀끝에서 흩어져 사라지고

더러는 어쩔 수 없어 길을 떠났다
마침내 꽃이 되어
그대 진 자리에 선연히 다시 피마고
다짐하고 다짐하며 소 울음소리로 길 떠났다

더러는 잘못 배달된 우편물처럼
미련 없이 뒤돌아섰다
세월이 가면 그대도 가고

그대가 남긴 그림자도 가고
쥐꼬리만한 부끄러움이야 손으로 가리면 그뿐
황망하게 뒤돌아섰다
향 냄새 채 가시기도 전에 서둘러 길 떠났다

이제 남은 건
빈 산 빈 하늘
아무리 뒤돌아봐도 텅 빈 들판

그래 이제 시작이다
처음처럼 다시 시작하는 거다
빈 들판 가득
바람으로 달려가는 거다
가서 꽃으로 피어나는 거다
때가 되면
툭
툭
툭

통꽃으로 떨어져
빈 산 가득 꽃물결 이루는 거다
빈 하늘 향해 꽃향기 날리는 거다
우리가 만난 첫날 그 밤처럼
뜨겁게 일어서는 거다
다시 시작하는 거다

**김수열** 1959년 제주 출생. 1982년 『실천문학』으로 등단. 시집으로는 『어디에 선들 어떠랴』 『신호등 쓰러진 길 위에서』 『바람의 목례』 등. 산문집으로 『김수열의 책읽기』 『섯마파람 부는 날이면』 등.

# 6월에 모처럼 써보는 편지

## 임종철

1

여보게 친구
오랜만에 쑥스럽지만 편지를 쓰네
게으름으로 못했던 말 이제야 하네 그려
그간 어찌 살았나
몸 상한데 없이 건강한가?
술잔깨나 축냈겠지?

2

여보게 친구
종철이를 살려내라!
한열이를 살려내라!
무엇이었던가
독재타도!
호헌철폐!
우리에게 무엇이었던가

벌써 4·19를 희미한 옛사랑의 그림자로 떠올리듯

그 6월의 거리를 추억처럼 되뇌이고 있진 않나, 자네?
아니야
회고담은 아니야
벌써 늙은이처럼 점잔 피우면 그건 아니야
새파랗게 젊다는 게 한 밑천인데
벌써 쩨쩨하게 구는 건 아니야
아니야 아니고 말고
6월은 어제가 아니야 오늘이야

질풍노도의 시대
80년대 그 꿈은 이제 빛이 바랬는가
혁명은 밀물처럼 왔다가 썰물처럼 가는 건가?
혁명은 생활 속에서 익어서
술이 되고 김치가 되고 된장이 되지
하지만 생활 속에서 그저 그냥 썩기만 한다면 그건 아니야
아니야 그것도 거름이라도 되면 그닥 나쁘진 않겠지
생활이 그대를 속일지라도 노여워하거나 슬퍼하지 말라
는 싯구를 떠올려 보게나

그게 삶인지도 모르지
하지만
그대가 생활을 속이면, 생활이 아니라 그대가 속이면,
노여움을 견딜 수 없어
슬픔에 겨워
하염없는 눈물을 어찌할 수 없을게야


혁명은 저 깊은 땅속을 흐르다가 솟구치는 샘물 같은 건 아닐까
　6월의 거리로 5월 광주가 우리를 불러냈듯이
　가슴마다 광주정신이 강물처럼 흘렀듯이
　오늘도 역사가 우리를 부른다
　이 강산 처처에 한 서린 영혼들이 우리를 부른다
　역사의 부름 앞에 나선 이름들이 우리를 부른다
　김세진 이재호 조성만 강경대 박창수……
　생활 속으로 흘러가는 우리의 핏줄기
　생활 속에서 흐느끼는 우리의 안타까움 우리의 지친 꿈들이

이제 더는 땅밑을 흐를 수 없어서
역사의 부름을 비껴갈 수 없어서
다시 거리로 나오라 하지 않는가
샘물처럼 솟구치라 하지 않는가

                    3

강경대를 살려내라!
박창수를 살려내라!
귀정이를 살려내라!
그때 보았지
우리시대 저항시인까지 나서서 죽음의 굿판을 걷어치우라 하고
김기설이 유서를 강기훈이가 대신 썼다고
죽음의 무리들이
말 그대로 귀신 씨나락 까먹는 소리로 초를 치고 나서던 그때
그때 보았어
역사의 부름 앞에 부끄러운 자 될 수 없어 나로부터 가노

라는 그 장엄한 물결이
  거리에 섰어
  우뚝우뚝 깃발로 섰어
  6월의 손수건들이 깃발로 우뚝우뚝 서 있었어
  장엄하여 가슴까지 서늘해지는 깃발들
  물대포 최루탄 속에서 우뚝우뚝 서 있었어
  전대협 전청대협 전농 전노협 전빈련 전교조 …
  언론노련 작가회의 보건의료 깃발까지

  하지만 깃발이 금을 긋고 있었어
  깃발이 너무 눈부셔서 너무 많아서 거리에서 구경만 하게 돼
  깃발은 구경꺼리가 되더군
  깃발에 안이 따로 있고 밖이 따로 있을 줄은 몰랐어
  깃발은 함께 들고 달려가고 함께 치켜 올리고
  그리하여 함께 나부끼는 것이리
  그리하여 하나의 커다란 깃발의 물결이 되는 것이리
  그 깃발을 따라갈 수 없어서 구경만 하는 사람들이 보이

더라구
  6월 그때 박수를 치고 손수건을 흔들고 김밥을 날라주던 그 사람들
  그 사람들이 깃발을 구경만 하는 모습을 보았어
  더러 박수를 치고 손수건을 흔들고 더러 김밥을 날라왔지만
  따라잡지 못하고 뒤쳐지는 사람들을 보고 만거야
  왜 그랬을까
  누구 탓이었을까
  그런 물음 속에 몇 년이 지나갔군
  내린 깃발은 없고
  새로 올린 깃발들도 많건만 그 뒤쳐지는 모습이 눈앞에 어른거릴 때
  하, 소주잔이 울어!

4

  날치기 노동악법 안기부법 철폐하라
  97 노동자 총파업 때 보았지

자네 얼굴도 어른거리더군
겨울바람 쌩쌩거리는 거리에
모두들 다시 나왔어

그동안 잠자고 있었던 게 아니라고
그저 썩고 있었던 게 아니라고
깃발들이 우뚝우뚝 제 목소리로 말하고 있었어
깃발에 안팎이 없이
노동악법 철폐하라
안기부를 해체하라
너나없이 박자 맞춰 뛰어가며
한 목소리로 나서고 있었어

그때 다시금 그 찬바람에 새 정신 새 기운이 살아났어
혁명은 희미한 옛사랑이 아니라고
혁명은 한낮 일장춘몽 개꿈이 아니라고
새로운 목소리 새로운 노래들이 살아났어
그 외침 그 노래들은 알고 있었던 거야

찬바람에 실려오는 그 잔인한 피비린내를 느낀거야
6월 그때 7, 8, 9 노동자 대투쟁이 있었듯이
노동자가 일어나야 노동이 살아난다는 그 엄연한 진리를 알고 있었던거야

아니나 다를까
도원동에서 철거깡패들이 약하디 약한 도신빈민들을 윽대기는 동안
삼미특수강 노동자들이 고용승계를 외치며 포철 앞 테헤란로 거리잠을 자는 동안
세계일보 언론노동자들이 펜을 꺾이고 거리로 내몰리는 동안
그들은 우아하게 칵테일 파티를 즐기고 있어
소말리아에서 어린이들이 총소리 속에 죽어가고
코리아반도의 북녘에서 굶주림에 아이들이 울고 있는 지금
죽음의 세력들은 우아하게 이브닝 파티를 즐기고 있어
21세기를 코앞에 둔 20세기말의 막바지인 지금
19세기말에 함포사격을 퍼붓던 그 제국주의 세력들은 지금

얼굴 표정만 바꾸고 분장만 새로 하고
세계민중의 목을 조이고 피를 빨며 그들의 파티를 즐기고 있어
석유 팔면서 공해 팔고 핵발전소 만들면서 무기 만들고
보석으로 챙기고 은행으로 챙긴 그들은
동학농민혁명군처럼 멕시코 농민혁명군이 신자유주의에 항거하고 있는 지금
무지막지할 뿐 화력은 형편없는 함포는 박물관에 진열해두고
동정심 많은 자선가처럼 얼굴에 잔잔한 미소를 머금고
그들은 재벌을 앞세우고 IMF를 앞세우고
그 첨병들에게 악역을 맡기고
그들은 저녁노을 아름다운 바닷가 언덕 하얀집 잔디밭에서
코리아의 재벌들과 인수합병 협상을 마무리하고
세계경제기구 정부 은행 똑똑한 국제화시대 관료들의 어깨를 두드려주며
우아하게 잔치를 벌이고 있는거야
그래 잔치는 끝나지 않았어

이제야말로 자네 얼굴을 보고 싶어
얼핏 스쳐지나면서가 아니라
얼굴 마주보며 그동안 지친 어깨 서로 어루만지며
한 목소리로 다시 일어나고 싶어
실업자를 살려내라!
고용안정 쟁취하자!
죽어가는 어린이를 살려내라!
평화통일 앞당기자!
한 목소리로
저 죽음의 세력을 몰아내고
사람 사는 세상 만드는 혁명 그 깃발을 다시 세우고 싶어
한데 어우러져 어깨 펴는 통일세상 그 꿈을 끝내 이루고 싶어

5

끝으로, 자네 가게 잘 되나?
부디 건강하게나
애들 기죽이지 말고 잘 키우세나

세월은 흘러가도 산천이 아니
우리 꿈 이룰 때까지 건강하세, 여보게나
우리 가는 길에 자주 만나세나.

**임종철** 1953년 경기 김포 출생. 1984년 『실천문학』으로 등단. 민청련 회원, 서울 민통련 문화부장 역임. 현재, 어린이 의약품 지원본부 이사, 평화와 통일을 여는 사람들 공동대표.

# 달이 뜨면 그대가 그리웠다

김준태

그대가 그리웠다
불속으로 가버린 여자
그대가 천지에 가득 와서
나는 강변으로 달려갔다
가슴이 부풀어 올라
갑자기 노래를 부르고 싶었다
강변엔 갈대꽃이 흔들리고
어디선가 밤새들이 날으고 있었다
나무들이 바람과 몸을 섞을 때
정말 누군가를 입맞추고 싶었다
사람이라면 정말 누구나 보듬고
조개무덤에 부딪치는 물결처럼
그렇게 끝없이 사랑하고 싶었다
불속으로 가버린 여자여
이마 위에 부서진 돌을 얹고
가슴 위에 노오란 꽃잎을 받으며
멀리 달과 함께 떠오르는 여자여
그대를 좇는 그리움을 참지 못해

오늘밤 나는 다른 여자를 보듬었다
그대가 아닌 다른 여자의 몸속에
오늘밤 나는 사랑과 평화의 씨를 뿌렸다.

**김준태** 1948년 전남 해남 출생. 1969년 『시인』지로 등단. 주요 시집으로 『참깨를 털면서』 『나는 하느님을 보았다』 『칼과 흙』 『지평선에 서서』 등. 산문집으로 세계문학기행집 『세계문학의 거장을 만나다』, 에세이집으로 『통일을 여는 시- 백두산아 훨훨 날아라』 등. 현재, 한국문학평화포럼 부회장, 조선대 초빙교수.

적敵

유종순


그것들은 온다
치열함을 잃어버릴 때마다 온다

원칙을 잃고 방황하는 우리에게
싸움의 불투명함에 지쳐 자빠진 우리에게
노동의 허기에 지쳐 마른 신음 흘리는 우리에게
고단한 일상 속 깊은 잠 헤매는 우리에게
온다 교활한 덫과 올가미를 들고서

그것들은 거짓이며
그것들은 폭력이며
그것들은 타락이며
그것들은 유혹이며
그것들은 협박이며
그것들은 타협이며
그것들은 기회주의이며
그것들은 기존 기성의 형식들이며
그것들은 모든 부정한 존재들이다

그것들은 온다
치열함을 잃어버릴 때마다 온다

한 뭉치의 현금을 들고서
간사한 혀로 정신을 홀리면서
한나절 편안한 일상을 맛보이며
죽음의 공포 시퍼런 칼날을 들이대며
찾아온다 치열함을 잃어버릴 때마다 어김없이

**유종순**  1958년 서울 출생. 1987년 『문학과 역사』, 『창작과비평』으로 등단. 주요 시집으로 『고척동의 밤』. 역서로 『예수이야기』 등. 2003년 시 「채석장에서」가 고등학교 문학교과서에 게재됨. 현재, 〈인터넷저널〉 대표이사.

# 솔잎혹파리

이원규

내 온몸의 피는 빠져 어디로 가나
온 산천의 피는 빠져 날마다 어디로 가나

백혈병의 솔잎들
그 아픈 제 몸 한 번 돌보지도 못하고
날바람만 뼛속 깊이 받아들여
천지사방 피는 말라
말라비틀어지고 쓰러지며
저들이 먼저 감당하고 있었구나
잠시 방심하는 사이
마구 두 눈을 찔러오는
병든 솔잎들

발끝에서 머리끝까지
내 온몸의 피는 빠져 어디로 가나
온 산천의 피는 빠져 밤마다 어디로 가나

**이원규** 1962년 경북 문경 출생. 1989년 『실천문학』으로 등단. 주요 시집으로 『옛애인의 집』 『돌아보면 그가 있다』 등. 신동엽창작상, 평화인권문학상 수상.

# 1987년 겨울의 부끄러움

## 박철

우리는 아무런 말도 하지 않은 채
저마다의 가슴에 말뚝을 박고 있었다
우리는 너무도 선연히 그 뜻을 알기에
고개를 숙이거나 벽을 향하거나
눈을 감은 채
아무런 말도 지껄이지 못했다
누군 술상을 엎어버리고도 싶고
누군 소주병으로 제 머리를 쳐대고도 싶고
누군 흠신 매라도 맞고 싶은
이 겨울을 너무도 잘 알기에
우리는 조용했다
그러나 우리는 흩어지지 못했다
끓는 피만으론 우리는 너무 영악했고
다시 먼 길을 가기에 지쳐버린
우리에게 다같이 밀려드는
1987년 겨울 우리들의 부끄러움

진정 우리는 자해하고 싶었다

그래, 그렇게 해서라도
상처를 만들고
상이용사로 돌아가 속죄하며
먼 훗날 그대들에게
부끄럽지 않은 무엇으로 포장하고 싶었다

누군가 조용히 술잔을 엎어놓고
꾸무럭대며 천 원짜리 몇 장을
주방에 건네주고
스러지듯 어둠속으로 빨려들 때에도
누구 하나 그를 구속하는 이 없었다
진눈깨비조차 내리지 않는 이 겨울
우리가 누릴 수 있는 최대한의 자유는
바로 그런 것뿐이었다
우리에게 자유를 가르쳐준 이들이 밉고
우리에게 부끄러움을 준 이들이 부러웠다
손가락이 필요할 때에도
그저 둥글게 주먹으로 통하는

우리에게 부끄러움을 가져다준
부드러운 그들이 부러웠다

---

\* 이 시는 6월혁명의 성과에도 불구하고 후보단일화에 실패하여 민의를 거스른 1987년 12월 16일 대통령선거 다음날 새벽에 쓴 시이다.

**박철** 1959년 경기 김포 출생. 1987년 『창비 1987』로 시 등단, 1997년 『현대문학』으로 소설 등단. 주요 시집으로 『김포행 막차』 『영진설비 돈 갖다주기』 『험준한 사랑』 『사랑을 쓰다』 등. 소설집으로 『평행선은 록스에서 만난다』 등. 동화로 『김포 아이들』 등.

# 유월은

김광렬

그들은 빼앗긴 봄을 찾으러 갔어 나는 가지 않았지
그들은 둥그런 알을 품으러 갔어
나는 둥그런 알이 어디에 있는지조차 몰랐지
그들은 안에 감춰진 자신을 찾기 위해 몸부림쳤어
나는 몸부림칠 엄두조차 못 냈지
그들은 감춰진 꽃잎들을 따서 흩뿌렸어
온 천지 하느작하느작 자유가, 민주주의가 흩날리고
나는 뒷짐 지고 먼 산이나 바라보고 있었어
산은 내게 바보라고 겁쟁이라고 비웃듯 말했지
될성부른 나무는 떡잎부터 알아본다고
가슴 아파 해야 할 일에는 입 다물고 나는 고작
자존심 때문에 그 알량한 자존심 때문에
여린 눈물로 나를 베어내며 감상에나 젖어 있었어,
어디에도 봄은 오지 않을 거라고
겨울이 절대 봄을 놓아줄리 없지, 생각하는 찰나
허나 내 허방을 밟으며 쿵쿵 봄은 오고 있었네
한 발자국 또 한 발자국 옹골차게 내딛는
저 등골 서늘한 소리, 살얼음 풀리는 살가운 소리

그대들 희생이 죽음이 뭉텅뭉텅
온몸을 내던져 낙화하는 동백꽃이었어 아, 동백꽃
그 넋이 얼음장을 녹이고 있었던 거야
빠드득빠드득 두꺼운 벽을 허물어내고 있었던 거야
비로소 찬 이슬방울로 얼얼하게 맑아오는 정신,
지금 이곳에 서 있는 것은 바로 우리로 서 있는 그대들
아니, 한몸으로 서 있는 우리들
유월은, 빼앗긴 봄을 찾으러 간 유월은
봄을 찾아 들고 여기 황홀 찬란한 핏빛 빛깔로 피어나네

**김광렬** 1954년 제주 출생. 1988년 『창작과비평』 봄호로 등단. 주요 시집으로 『가을의 시』, 『희미한 등불만 있으면 좋으리』 『풀잎들의 부리』 등. 〈깨어있음의 시〉 동인.

# 분만장에서

서홍관

이 험난한 시대에도 아이들은 태어난다.

수배당한 친구의 행방을 대지 않는 대학생이
서울 한복판에서 물고문으로 숨지는
남영동 앞 조그만 산부인과에서도
천둥벌거숭이로 사내아이들이 태어나고

주민등록증을 위조한 제적 여대생이
어둠 속에 성고문을 당하는
경찰서 취조실의 책상 위에서도
겁도 없이 여자 아이들이 태어난다.

이 땅의 어느 산새 한 마리
들꽃 한 송이도
이 나라 산기운 물기운이 어우러져
생겨나지 않은 것이 없더니

찬비가 뿌려지는 11월의 새벽

산모의 뜨거운 신음소리와
아이가 터뜨리는 최초의 울음소리가
비 젖은 아스팔트에 낭자하게 흩어지고

분만장에서 나는 듣는다.
아이의 떨리는 울음소리가
이 나라 산맥들이 되받는 함성이 되어
피두겁 속에 새로 태어나려는
고국산천에 메아리치는 것을.

**서홍관** 1958년 전북 완주 출생. 1958년 『창작과비평』으로 등단. 주요 시집으로 『어여쁜 꽃씨 하나』 『지금은 깊은 밤인가』 등. 수필집으로 『이 세상에 의사로 태어나』 등. 현재, 민족문학작가회의 이사, 국립암센터 암예방검진센터 책임의사.

# 사람 사는 세상이 돌아왔다고? −6월항쟁 20주년에

정용국

언제 사람이 살만한 세상이 있기나 했었다고

돌아오긴 무엇이 돌아와 사람이 산다고 다 사는 것이랴 물 한 방울에도 가슴이 떨리고 부나비 날갯짓에도 한 삶이 들어있으니 그저 사람이려고 더운 가슴 연 것인데 접시 물에 코를 박고 제 발등 찍은 자리에 구수한 최루탄 냄새는 한참을 더 갔지 떨떠름한 애증은 혼자 그네를 타고 서울 시민문화 한마당 골골마다 소리 드높게 삶의 질을 들먹이며 신명을 풀어내도 신명辛鳴에 우는 수두룩한 무지랭이들 누가 다독여 손을 잡으리

징허게 새살은 자꾸 돋아 근질대는 상채기여.

**정용국** 1958년 경기 양주 출생. 2001년 『시대문학』 『시조세계』 신인상으로 등단. 주요 시집으로 『내 마음 속 게릴라』 등. 현재, 한국문학평화포럼 사무차장, 민족문학작가회의 회원, 한국시조시인협회 총무간사.

# 어서 발등을 내리찍어라

김규성


어서 도끼를 들어라!
한때 적군을 향하여 번쩍이던 그 핏빛 날로
썩은 네 발등을 내리찍어라!
유월!
무명의 어린 백성들끼리
비로소 서로를 민중이란 이름으로 부르고,
그 본명인 민주조국을 찾아
누룩이 발효하듯 삼천리가 일제히 일어선
눈물겹게 눈물겹게 황홀한 시간.
사람과 사람이
뜨겁고 간절한 마음으로 만나면
그토록 벅차고 아름다울 수 있음을 확인한
반만년 역사의 절정에서,
손만 대면 썩고 마는 전리품에 미쳐
적전분열의 샴페인을 터뜨리기에만 골몰한
정체불명의 망나니 그리고
숱한 순교의 피로 일깨운 신앙을
타락과 거짓 기도로 참혹하게 배교한 이단.

용서받기엔 너무 두렵고 부끄럽게
아비를 왜곡하고
자신조차도 헌신짝처럼 부정하기에 바쁜
유월의 후레자식들아,
제정신이고서야 도저히 야합할 수가 없는
유월과 사이비 민주의 사생아들아,
어서 발등을 내려찍어라 그리고
상처 동여맨 발로 또박또박 새출발하라!
달력에는 아직
순결한 獨身의 유월이 첫사랑처럼 살아있다.

**김규성** 1950년 전남 영광 출생. 2000년 『현대시학』으로 등단. 주요 시집으로 『고맙다는 말을 못했다』 등.

# 명동성당에서 −밥풀데기 아저씨를 회상함

김주대

　명동성당 농성장에는 배운 것 없고 전력戰歷 없어 식사만 담당하는 아저씨가 한 분 있었다. 그분의 정치적 견해는 이 세상 활딱 뒤집어엎어야 한다는 한마디뿐이었다. 밥하고 쌀 씻고 가끔 콧노래도 부르며 남들 다 고개 숙이는 재야의 유명인사가 지나가도 본 체 만 체하는데 그게 내가 그를 좋아하게 된 이유였다. 명동성당 농성장 거기야말로 평등세상이어야 했다. 지도부를 중심으로 맡은 임무에 충실하며 누가 누구에게 괜히 고개 숙이는 일 없이 모두들 동무들이어야 했다. 정다운 동무들. 그러나 그를 좋아하게 된 진짜 이유는 딴 데 있었다. 재야의 유명 인사들을 봐도 평소엔 본 체 만 체하다가 오랜 싸움에 수척해진 그분들이 국을 타러 오면 왕건이가 더 들어가도록 은근히 배려하는데 많이 싸운 사람 많이 주는 참 평등의 넓은 소견 그것이 그를 진짜 좋아하게 된 이유였다. 반정부 폭풍의 한가운데 명동성당에 나의 멋진 동무 한 분 있었다. 오래 전 그 때.

**김주대**　1965년 경북 상주 출생. 1991년 『창비』 여름호로 등단. 주요 시집으로 『도화동 사십계단』 『그대가 정말 이별을 원한다면…』 등.

## 마개論

### 홍일표

열리지 않는 병마개 앞에서
번번이 다섯 손가락은 무력해진다
힘에 힘을 더하여 돌려보지만
병마개는 더욱 더 이를 악물고 버틴다
병 속의 물은 출렁이며
안타까이 발을 구르고,
목마른 풀잎들
시름시름 주저앉고 있다
다섯 손가락에 다시 힘을 충전하고,
마음의 채찍을 거머쥔다
하나, 둘, 셋!
번개의 발등에 실린 깨끗한,
일순의 힘
무너지는 제국
휘몰아치는 힘의 폭풍에
군왕처럼 버티고 있던 병마개, 그 완강한 힘의 제방이
툭, 터진다
뒷걸음질치며 순순히 물러서는

병마개의 최후
꽉 움켜쥐고 있던 톱날 같은 아집의
계곡과 계곡을 넘어 조용히 후퇴하고,
마침내 환히 열리는
깊고 어두운 우주의 자궁
천상의 푸른 별들이 까르르 웃으며
마른 풀잎 위로 쏟아져 내린다

**홍일표** 1958년 충남 입장 출생. 1988년 『심상』 신인상, 1992년 경향신문 신춘문예로 등단. 주요 시집으로 『안개』 『순환선』 『혼자 가는 길』 등. 산문집으로 『조선시대 인물기행』 등.

# 지도에도 없는 포이동 266번지

## 조용숙

　50여 가구가 한 번지에 감자알처럼 대롱대롱 매달린 포이동 266번지. 얼굴에 핀 버즘처럼 햇볕에 하얗게 바래간다. 구청 직원이 다녀간 뒤, 타워펠리스와 양재천 사이에 낀 초등학교 출석부에서 몇 명의 학생들이 또 빠져 나갔다. 판자촌 아이들 찢겨진 국정교과서처럼, 중국집으로 단란주점으로 흩어졌다. 대광주리에 집게 하나 달랑 들려 강제 이주된 후, 살갗 드러낸 전선이 천정에 거미줄 친 방에서, 전봇대위의 까치처럼 살아온 사람들. 형과 누나가 떠난 자리. 빈방에 코흘리개 어린 것들만 남아 연신 촛점 잃은 눈빛을 굴려댄다.

　의심없이 퍼마신 희망으로 말미가 짧아지는 포이동 266번지 수퍼 앞 평상, 아침부터 취기가 오른다. 손가락을 넣어 꾸역꾸역 토해내도 다 뱉어낼 수 없는 시간들. 20년을 담보로 불어난 원금 없는 가난이 죽음으로 상환되는 곳. 망가진 채로 쓰레기더미에 버려진 리어카 바퀴살만이, 넝마로 살아온 삶을 외롭게 증언중이다. 그 너머 유월의 햇살들이 부챗살처럼 환히 퍼지던 그날 오후, 문득 거리엔 최루탄 내음 머금은 살과 뼈들이 분주하게 다가서고 있었다.

**조용숙**　1971년 충남 부여 출생. 2006년 『詩로 여는 세상』 가을호로 등단. 대표시로 「덩쿨손」 「깡통연가」 「가스레인지」 등.

# 저항기

## 문창길

어둡게 쓰러져 가는 종로 2가
불끈거리는 파도를 지키란다
먼지꽃 푸석푸석 쌓이는 저녁
저 바람은 가는 길 비켜라 하고
이 바람은 오는 길 막아라 한다
가슴 찢어져 번개빛 터지는 소리
꽃내로 자욱하고
무슨 죄로 이름도 잃었는가
목젖이 터져 실핏줄도 말라가는데
어느 사랑이 내게 오리
불꽃 같은 희망을 안고
부딪혀 깨진 몸살 아파라, 쓰려워라
저 사람은 눈빛이 무섭단다
이 사람은 몸짓이 그냥 좋단다
살아서 죽지 않은 내 몸에
사랑 같은 핏물이 사랑사랑 흐른다면
살아야지 조용히 일어서서
뜨거운 불빛으로 살아야지

잴 수 없는 깊이에서
낮달은 구름을 스쳐지나 어디에서 잠이 드는지
아 상처로 바다보다 더 큰 슬픔

**문창길** 1958년 전북 김제 출생. 1984년 『두레시』 동인지로 등단. 1980년대 구로노동자문학회, 민청련 문학분과 활동. 주요 시집으로 『철길이 희망하는 것은』. 현재, 창작21작가회 대표.

# 지금도 그 뜰에 가보고 싶다

## 송경동

리어카 보관소가 있는 종묘 담 끼고 돌아
싼 밥집 모퉁이 이층
불교달력을 만들던 하꼬방 인쇄소
찬바람 일 때면 중절모 스님들이 티 몇 잔 불러두고
다방 아가씨 손금 봐주는 소리가
조용조용 간이 칸막이 너머로 들리던 곳
염주알 마냥 둥그렇게 꿰어 도는
달력 조하이 일에 지치면
환풍기 창 너머 종묘 뜰
오백 년도 넘게 푸르른 단풍나무들처럼 살고 싶었다

하루에도 서너 번 난데없이 울리던 축포소리
거리는 연일 들끓는 광장이 되고
이따금씩 눈시울 적시던 최루탄 가루
한적하던 나뭇계단을 울리며
한떼의 청년들이 들이닥치면
왠지 모를 부끄러움에 우린 원죄처럼 얼굴을 숨겼다
그때도 치욕이라는 말을 알았을까

작업장 구석에 쥐새끼처럼 숨어
토끼눈 반짝이던 청년들보다
우리가 더 막다른 곳에 다다라 있다는 아득함
끌려 갈 수 있다면, 내 뜻이 원하는 곳으로
당당히 끌려갈 수 있다면
하지만 상념도 잠깐, 우린 아니라고
우린 어떤 불순한 꿈도 꿔본 적 없는 조하이공일 뿐이라고
곤봉 든 체포조들에게
이 세상에서 가장 선한 얼굴로 애걸하며
우리도 증오라는 말을 알았을까
수백 년의 세월을 가지런히 모아 풀칠하고
또 한 해씩을 떼어 철을 하다보면
환기창 프로펠러 사이
고요한 종묘 담 너머 뜰로 붉은 해가 지고 있었다

**송경동**  1967년 전남 벌교 출생. 2002년 『실천문학』으로 등단. 주요 시집으로 『꿀잠』 등. 현재, 민족문학작가회의 자유실천위원회 위원장.

# 석류꽃이 필 때

고영서

유월의 담장마다 껑충껑충
나무들 뜀뛰기 하는 것 보면
발걸음 멎는다 나도 모르게
한 나무 아래 선다

높은 곳에 맺은 열매일수록
따는 일 힘들었을까 올려다 보면
깡마른 것들 한두 개쯤
매어 달고
적도의 끝, 화르르
화염火焰이 인다

저 혼자 열매 맺는 것
어디 있으랴
겨드랑이께 돋는 소름도
간질이는 벌나비떼
바람도 없이
컥,

컥,
객혈하는 꽃잎들 보면
미동도 없는 내가 다 달아올라

한낮이면 외출도 삼갈 일이다




**고영서** 1969년 전남 장성 출생. 2004년 광주매일 신춘문예로 등단. 주요 시집으로 『기린 울음』 등.

# 애국가를 불렀었죠

## 손태연

아이에서 어른이 될 때까지 애국가를 불렀었죠
하느님이 보우하사 '우리나라' 만세-

우리나라
'우리' 속에 우리가 있고
'나라' 속에도 우리가 있지요

유치원에서, 학교에서, 애국가를 부르는 어린이도
강당에서, 회관에서, 광장에서 부르는 어른들도
총을 든 군인도, 방패를 든 경찰도, 뱃지를 단 공무원도
내가 주인이고 당신이 주인인 우리나라의 '우리'

'우리'는
도시와 도로와 산과 논밭과 촌락과 바다를 모두 이은
땅과 땅이 이은, 손과 손이 이은
너와 너와 너와… 그 모든 당신들이 이은

눈과 눈들이 함께 지키는

귀와 귀들이 함께 듣는 '우리' 는
마르고 닳도록 거룩하게 애국가를 불렀었죠

목소리와 목소리의 함성으로
분노와 분노가 내다 건 깃발로
억압한 자의 발 밑에 부릅뜬 비명으로
총칼 앞에 스러진 주검을 덮는 피 묻은 태극기를 보면서
어깨에 어깨를 두르고 애국가를 불렀었죠

이런 '우리'

태극기 앞에 남아서 펄럭펄럭 서 있지요
대한사람 대한으로 길이 보전할
광장은 '우리' 의 것
우리는 국가
뜨거운 애국가는 그곳에 살아 있지요.

**손태연**  1963년 서울 출생. 1993년 『문학세계』으로 등단. 주요 시집으로 『사랑을 병 속에 넣을 수만 있다면』 등.

# 사회과학書店 문 밖

조성국

새벽을 치우는 초로의 청소부가
보였다 허연 허벅지 배꼽까지 드러낸 여대생도
어스름 딸랑거리는 두부장사 아줌마도
연둣빛 이파리로 일렁거린 때 있었다
매운 연기 자욱한 가로의 나무를 붙들고
우욱 토해 내던 가슴들은 왜 그리 붉었던가
먼지 풀풀거리는 얄팍한 지식이나 파는
책방 블라인드 하나 걷어 올리고 유리창 닦으니
저렇듯 세상이 온통 비추어 오던 것을,
목청 큰 소리만 귀 가득 채우고
저 홀로 어둔 길 헤쳐 간다고 우쭐한
이론을 냅다 치우던, 그래서 빈 가판대 자리에
철야잔업 마치고 공단 돌며 뿌리던
한 아름의 유인물을 안고 와 놓던
그 샛별 같은 시절

**조성국**  1963년 광주 출생. 1990년 『창작과비평』 봄호로 등단. 주요 시집으로 『슬그머니』.

## 돌멩아 돌멩아

**박두규**

용머릿재 이름 없는 돌멩이들
화약 냄새 땀 냄새에 실려
시천주 조화정 영세불망 만사지, 만사지
전주천 서러운 물에 한없이 내려앉았다.
밑도 끝도 없는 민짜 돌멩이
이 강산 아무데고 굴러나 굴러
흐드러진 전라도 돌멩이
東學年 억센 농부의 팔매로 고된 세월을 날더니
이젠 폐수 찌꺼기 물때로 절은
전주천 얕은 물 부끄러운 돌멩이가 되었다.
혁명의 세월, 승리의 꿈으로 날았던
아카시아 흐드러진 전주천 돌멩아.
지금은 더러운 물속에 잠겨
부끄러움으로 치떠는 너를 본다.
하나 둘 목숨 같은 벗들이 가고
다시금 아카시아 향내로 미쳐가는
오월의 천변로를 걸으며
동학년, 너희를 거머쥐었던

그 억센 농부의 팔매를 생각한다.
돌멩아, 하지만 이제 와서 너를 다시
동학년 네 고향으로 돌려보낼 순 없다.
오월의 천변로를 걸을 때마다
무수히 내 가슴에 날아와 박히는 너는
지금도 동학년이다.
아, 돌멩아, 폐수 찌꺼기 물때로 절은 돌멩아
이제 너를 건져 최루가스 날리는
잿빛 하늘 높이 다시 한 번 띄우니
날아라. 그 오랜 서러움도 잊고 맘껏 날아라.

**박두규** 1956년 전북 임실 출생. 1985년 「남민시」 동인으로 등단. 주요 시집으로 「사과꽃 편지」 「당몰샘」 등. 포토포엠에세이 「고라니에게 길을 묻다」 등.

## 우리를 그냥 두지 마소서

김창규

가는 곳마다 낯선 사람들이
머리를 짧게 깎고
무전기를 들고서
우리를 에워싸고 있으며
지하도나 거리 빌딩 안에까지
심지어는 학교에까지
험상궂은 사나이들이 팔짱을 끼고
감시를 게을리하지 않고 있나이다
몸을 피해 성당이나 교회를 가도
예외없이 그들은 굶주린 사자처럼
우리를 노려보고 있나이다
높은 사람들이 호텔에서 날이면 날마다
축배를 들고 건배를 들지만
오늘밤 우리는 교회의 컴컴한 지하실에서
포도주를 나눠 마시며
민중 예수를 생각하며
끌려가는 동지들의 창백한 얼굴에
엷은 미소가 아직도 머물고 있는

지하실 한구석에 고여있는 슬픔만큼이나
저주스런 세상을 원망하며
하나님 당신을 생각합니다
가슴이 떨려서
좀처럼 진정되지 않는 마음을 달래며
내일 우리가 어떻게 된다고 해도
지금 우리를 그냥두지 마소서
호화로운 호텔파티 속에
매일같이 취하여
노동자 농민들의 피땀을 갈취하는 사람들을 벌주소서
그리하여 날마다 산 위 판자집에서
흐느끼는 우리를 구원하여
승리의 환희를 맛보게 하소서

# 춘궁

### 서애숙

밥풀도 아닌 것이 어찌하여
배고픈 사람의 눈을 홀려
휜 허리 더욱 휘게 하였는지
손바닥 안에
고봉밥처럼 쌓이는 조꽃을 보노라면
가슴에 생수 터지듯 쏟아지는
그날의 함성
오래된 슬픔 하나
살아있음이
변두리 쪽방 같은 세상이지만
우리
오늘 하루만은
유월의 비상구를 찾아보세나

**서애숙** 1958년 목포 출생. 2001년 『오늘의문학』 2002년 『문학과 경계』 신인상으로 등단. 주요 시집으로 『세상 뜨는 일이 저렇게 기쁠 수 있구나』 등. 산문집으로 『58개띠들의 이야기』(공저) 등.

# 다시 유월에 서서

## 류명선

저 무너지는 것들을 보아라
어둠 속에서 발버둥치며 쏘아대는
거리의 불꽃처럼
모조리 태울 수밖에 없는
우리나라 무성한 잡초라고 사정없이 짓뭉개도
태우면 태울수록 되살아 우뚝 서는
우리나라 서러운 풀잎들
다시 유월에 서서
통분하는 두 주먹 불끈 쥐고
저 썩어서 흐르는 강물을 어찌 보내랴
눈물샘 뿜어내는 저 매연을 어찌 거두랴
다시 나무가 두 팔을 들고 일어서고
풀잎이 곳곳마다 살아나고
바람은 거리마다 불고 있는데
아직도 히죽거리며 놀고 있는
우리나라 어둠을 보아라
다시는 속지 말고 믿지도 말고
활활 타오르는 너와 나의 눈빛 속에

피맺혀 흐르는 분노의 세월
다시 유월에 서서
나가자, 나가자고
저 소리치는 바람을 보아라
지금 너의 귓가를 두들기며 불고 있는
저 유월의 바람을 보아라.

**류명선**　1951년 부산 출생. 1983년 『문학의 시대』로 등단. 주요 시집으로 『고무신』 『환희를 피우며』 『반골』 등. 현재, 시전문지 계간 『시의나라』 발행인, 도서출판 푸른별 대표.